家庭教育

100问

孟迎芳 著

海峡出版发行集团 THE STRAITS PUBLISHING & DISTRIBUTING GROUP | 福建人民出版社 FUJIAN PEOPLE'S PUBLISHING HOUSE

高情商
妈妈
普通
妈妈
心理
专家
高情商
爸爸
普通
爸爸
心理
专家

人物介绍

目录

目录

目 录

序

家庭教育是教育之源，是学校教育和社会教育的基础。2021 年，《中华人民共和国家庭教育促进法》的实施，标志着家庭教育不再只是“家事”，同时也是“国事”。《教育部等十三部门关于健全学校家庭社会协同育人机制的意见》中提出，到 2035 年，形成定位清晰、机制健全、联动紧密、科学高效的学校家庭社会协同育人机制，由此明确了家庭教育在育人体系中的重要地位和作用。家长作为孩子的第一任老师，不仅要增强家庭教育的主体责任意识，更应树立正确的教育理念，掌握科学的教育方法，做到智慧育儿。

近年来，我国的家庭教育工作取得了较大的进展，但许多家长对家庭教育仍存有不少困惑。譬如：注重了孩子学习成绩的提升，却忽视了孩子良好学习习惯的养成；注重了孩子日常行为的规范性，却忽视了孩子独立自主能力的培养；注重了父母的权威，却忽视了孩子的主体性，不知如何与孩子友好相处……这些问题在日常生活中常常表现在父母与孩子一次次的行为与言语的“冲撞”上，给亲子关系蒙上了一层阴影，也给家庭教育带来了挑战。

《家庭教育100问》所呈现的场景，正是上述问题的缩影。为了帮助家长解决这些问题，书中以“漫画+问答+解析”的模式提供了专业建议。综合来看，本书具有以下几个突出的特点：

一是问题普适性强。本书以孩子“问”的形式刻画出孩子成长过程中遇到的日常小事，而这些小事正是父母在教育孩子时经常遇到的，既符合当前孩子发展的心理特点，又回应了家庭教育面临的常见问题。

二是操作指导性高。本书以“一问两答”的形式将普通父母与高情商父母的对话同屏，造成视觉上的冲击，更容易引起家长的共鸣与反思。接着心理专家充分运用专业理论知识，如心理效应、心理法则等，为家长指点迷津，并提供科学的建议，引导家长构建和谐的亲子关系。

三是形式趣味性浓。本书对人物形象进行设计，以亲子互动的形式来展示，非常适合亲子阅读，共同探讨合适的家庭教育模式。同时，以漫画的形式展示问答的生活情境，寓教于乐，更显生动性，引导家长成为孩子的知心朋友。

青少年是国家的未来和民族的希望，促进青少年健康成长事关国家和民族的长远发展。家庭教育作为育人体系的重要一环，使命光荣，任务艰巨。行走在理想与现实之间的家庭教育注定要面对诸多挑战，这就需要足够的智慧来应对。本书的出版无疑将为充满困惑的家长提供专业的指导和有益的借鉴。

教育部中小学心理健康教育专家指导委员会委员

福建省学校心理健康教育发展中心专家委员会主任委员

福建省家庭教育研究会副会长

家庭教育100问

第1问

孩子说无聊，怎么答？

心理解析
XINLI JIEXI

心理学研究表明，孩子的健康成长不能只停留在满足生理需求层面，更需要父母的温暖和支持。在孩子和父母密切的情感交流中，会建立起一种特殊的社会性情感联结，这就是依恋。孩子说“妈妈，我好无聊啊！”或者“爸爸妈妈，你们快来陪我玩！”，这些都是孩子寻求依恋的表现。背后隐藏的，其实是孩子希望得到父母的陪伴。如果孩子的依恋需求一直被拒绝，孩子极有可能会缺乏安全感。

所以，在孩子需要父母的时候，停下忙碌的步伐，仔细听听孩子的需求吧！莫等孩子长大后有了自己的同伴，不再需要家长的陪伴时，才来后悔错过孩子的童年。

家庭教育100问

第2问

孩子想买玩具，怎么办？

心理解析

XINLI JIEXI

奥地利心理学家米歇尔做过一个棉花糖实验。在实验中，孩子可以选择一项奖励（棉花糖），也可以选择等待一段时间直到实验者返回房间（通常为15分钟），得到相同的两项奖励。随后的追踪研究发现，能为奖励坚持忍耐更长时间的孩子通常具有更好的人生表现。这个实验表明，延迟满足有助于将期待转化为努力，提高个体的适应能力。

所以，当孩子迫切想要买玩具时，父母不要急着完全否定孩子，应当首先认可孩子的愿望。在拒绝孩子的需求后，向孩子解释原因，并承诺孩子什么时候可以买，帮助孩子把今天的“不买”转化为对未来的期待，培养孩子延迟满足的能力。同时也可以引导孩子通过制订储蓄计划来得到玩具，帮助孩子认识到愿望需要通过努力来实现。

家庭教育100问

第3问

孩子乱涂乱画，怎么办？

心理解析

XINLI JIEXI

绘画大师毕加索曾经说过：“我花了四年时间画得像拉斐尔一样，但用了一生的时间，才能像孩子一样画画。”学龄前是孩子想象力飞速发展的时期，想象力是创造力的前提，此时父母眼里的“乱涂乱画”，实际上可能是孩子想象力和创造力发展的一种表现。此外，孩子还会通过涂鸦来表达自己内心的想法。

因此，作为家长，一方面应该肯定孩子的画作，耐心倾听孩子的表达，保护孩子的想象力和创造的热情，不要仅仅因为想要墙壁干净就扼杀孩子的想象力。另一方面，在涂鸦敏感期，孩子的想象天马行空，父母可以给孩子创造一个合适的空间，让他们在其中尽情发挥。

家庭教育100问

第4问

孩子问妈妈为什么要上班，怎么答？

心理解析

XINLI JIEXI

当孩子不理解父母为何要上班时，父母不应把工作简单解释为为孩子赚钱，这样有可能会让孩子产生一种负罪感，认为是自己让父母这么辛苦。同时，这样的回答也可能会让孩子对工作的理解过于肤浅，不懂得人生奋斗的价值。因此，父母应该正确地向孩子解释工作的必要性以及工作的意义，让孩子明白，父母去工作是一件有意义的事情，也是日常生活中的一部分，让孩子学会理解和接受。此外，这个阶段孩子的思维以具象思维为主，因此父母在跟孩子解释这一问题时，可以借助他们熟知的事物进行描述，如幼儿园老师的工作，这样便于他们理解和接受。

家庭教育100问

第5问

孩子对死亡感到好奇，怎么答？

心理解析

XINLI JIEXI

当孩子问起关于死亡的问题时，父母往往会比较忌讳，通常会回避问题。实际上，回避“死亡”话题，不仅剥夺了孩子的知情权，更会让孩子对“死亡”产生模糊感甚至恐惧感，不利于孩子社会性的发展。

父母应充分利用机会，对孩子进行生命教育。一方面，父母要调整好心态，用平静的语气向孩子解释，因为孩子会通过解读父母的反应来了解一件事。另一方面，要使用恰当的词语，不要使用“睡觉”“旅行”这样的词语表述，因为孩子会刻板地理解这些表述，从而对“睡觉”“旅行”等代替死亡的词语产生错误的认知。父母可借助生活中的事物，如花、草、树木、小猫、小狗等，让孩子明白生死是自然界的生物都会经历的事情，这件事和四季交替一样平常。

家庭教育100问

第6问

孩子问自己从哪里来，怎么答?

心理解析
XINLI JIEXI

孩子在成长过程中对于“我从哪里来”感到好奇，这是他们自我意识萌芽的体现，常发生在3岁左右。这时候如果家长回答“从垃圾桶捡来的”或“充话费送的”，就很容易让孩子模糊自身与父母之间的生命关系感知，从而形成错误的看法——认为自己同父母的关系是不紧密的，自己好像一个物品，这不利于亲子关系的良好发展。

因此，当孩子发出这样的疑问时，父母应正确理解问题的内涵，意识到孩子其实是在探索生命的起源以及生命存在的意义，并积极回应，正确回答，或者用一些幽默风趣、易于理解的话予以回答。例如，“刚开始时你在妈妈肚子里，之后你慢慢长大，到了可以出来的时候，就自己勇敢地出来啦！”父母还可以结合绘本来解释这一生理过程，对孩子进行适当的性教育启蒙。

家庭教育100问

第7问

孩子问为什么要问好，怎么答？

心理解析
XINLI JIEXI

孩子由于陌生人的突然出现会产生某种程度上的恐惧、紧张或不安的情绪，这是陌生人焦虑，是孩子防范陌生人、确保自身安全的一种本能，以此避开不利于他们成长的环境，也可以理解为“怕生”。因此，突然要求孩子向陌生人问好，他们可能会表现出退缩、不愿与他人交流等行为。

在上述情境中，父母可以往积极方向鼓励和引导孩子，缓解孩子的焦虑感和陌生感，而不是粗暴地给孩子贴上“不礼貌”的标签。此外，要求孩子打招呼前，父母可以以热情的语调向孩子介绍“陌生人”，提醒孩子对方与自己的关系，以及孩子应该如何打招呼，避免孩子因不知如何称呼对方而陷入紧张不安的状态。

家庭教育100问

第8问 孩子不喜欢吃青菜，怎么办？

心理解析
XINLI JIEXI

心理学家凯尔曼提出态度的形成与改变包含服从、同化和内化三个阶段。服从是为了获得某种奖励或避免某种惩罚时采取的表面应允的行为，该行为持续的时间取决于奖励或者惩罚存在的时间。同化则是出于对某个崇拜对象的喜爱，为了能够更亲近或成为这个崇拜对象而选择向他学习。内化则是个体完全相信和接受某一观点，这时形成的态度最稳固。

为了改变孩子对“吃青菜”的态度，普通妈妈采取奖励的方式让孩子吃青菜，孩子为了奖励会选择表面听从，但这种行为不可持续，没有奖励的时候就会消失。而高情商妈妈以女儿崇拜的对象“爸爸”作为榜样，说明“吃青菜能使人变聪明”，鼓励孩子多吃青菜成为像爸爸那样的人，从而使得孩子的态度能够真正改变，并产生更为持久的效应。

家庭教育100问

第9问

孩子说想看电视，怎么答？

心理解析

XINLI JIEXI

承诺一致性原理指出，个体自己主动承诺了一件事，之后的行为会不自觉地按照承诺进行。在看电视的问题上，父母可与孩子商议，然后进行约定，规定看电视的时长、具体的要求，以及违反约定的后果。例如：“一次只能看30分钟，时间到了，你自己主动关掉电视机。如果你能做到，那么我也会遵守和你的约定。但是如果你没有遵守约定，那爸爸也不会继续遵守我们的约定，明天就不再让你看电视了。”这样的约定，会让孩子觉得得到尊重，提高对自己承诺的时长的认同度，从而有助于孩子获得自主感，促进遵守约定行为的发生。

同时，父母要注重约定。如果孩子未能遵守，父母需要阻止孩子继续看电视，避免孩子得到负面的强化，对约定的认知变得随意。父母本身也需要遵守约定，通过自身的行为为孩子树立良好的榜样形象，增强孩子对约定的重视程度。

家庭教育100问

第10问

孩子说想要有哥哥姐姐，怎么答？

心理解析

XINLI JIEXI

相同的行为背后可能有不同的心理动机。高情商父母会先关注到孩子问问题背后的原因，再针对原因进行相应的回答。例如，孩子问出该问题，可能是因为人际交往需要没有得到满足，也可能只是因为别人的哥哥姐姐有很多玩具。

如果孩子提出该问题是因为孤单（如“别的小朋友回家都有哥哥姐姐一起玩”），那么家长应该反思是因为自己陪伴孩子的时间太少还是因为孩子在学校期间的人际交往需要没有得到满足，这时候家长就可以引导孩子进行合理的人际交往，鼓励孩子花费一定的时间和精力去和同龄人聊天、玩游戏、出游。及时对孩子的社交表现予以评价，有利于培养孩子的社交能力，促进孩子交往习惯的养成。

家庭教育100问

第11问

孩子对男女性别差异感到好奇，怎么办？

心理解析
XINLI JIEXI

当孩子提出此类问题时，说明孩子的性别意识正在发展。此时，父母应注意对孩子进行性别教育，让孩子认识到男女有别，如向孩子合理解释男女的生理差异。同时应引导孩子学会尊重性别差异，并建立合理的分界线，树立正确的性别观念。例如，男女生应该分开洗澡、分开上厕所等。

同时，在日常生活中，父母应注重对孩子的养育方式，不要导致孩子产生性别认同上的混乱。例如，父母想要女孩，生了男孩后按照女孩的方式进行养育，这样容易妨碍孩子性别意识的正常发展。此外，父母也不应过于强调儿童的性别标签，例如，限制男孩子玩芭比娃娃，认为这是孩子的想法不正常，这样也可能会限制孩子未来发展的多样性。

家庭教育100问

第12问

孩子问什么时候长大，怎么答？

心理解析
XINLI JIEXI

孩子提出这个问题，表明孩子开始渴望被当成一个“独立”的人，希望父母肯定他、尊重他、认可他。从发展心理学的角度来看，从3岁到青春期，是社会教化对个体影响最深刻的时期，也是角色学习的重要时期。儿童在幼儿园、小学、中学接受正规教育，通过游戏、学习、劳动等活动不断地练习、模仿和认同，逐渐习得社会规范，形成各种角色观念，如性别角色、家庭角色、同伴角色、学校中的角色等，并能有意识地控制自己的行为。

因此，当孩子提出此类问题时，父母应该不回避、不敷衍，要认真对待，合理解释，可结合具体事件进行说明，如“宝贝现在能自己吃饭了，能自己整理衣服了”等等。也可以趁此机会培养孩子独立自主的意识，从日常小事入手，引导孩子走向独立。

家庭教育100问

第13问

孩子看到父母之间的亲密行为，怎么办？

心理解析

XINLI JIEXI

当孩子无意中看到父亲与母亲的亲密行为时，他们会感到好奇，并用言语表达自己的好奇，这是孩子的正常行为。因此，父母在面对孩子的疑问时，应正面回应和引导，满足孩子的好奇心，而不是置之不理、敷衍了事或者训斥一番。越是敷衍，孩子的好奇心越强，越想知道到底是怎么回事。

研究表明，大部分接受过性教育的孩子在青春期表现得更能理解个体生理和心理的变化，并且懂得更好地保护自己，更能尊重他人。孩子已经有了家的概念，父母可以根据孩子的年龄和理解能力进行正面解释，如“我们是在拥抱，向对方表示我们彼此相爱”，让孩子了解，成人的身体接触是表示相爱的一种方式。同时也应对孩子进行适当的性教育，如“如果不是一家人，就不能有这样的亲密行为”，“你得等长大结婚以后，才可以用这样的方式表达爱意”。

家庭教育100问

第14问

孩子问为什么晚上不能出去玩，怎么答？

心理解析

XINLI JIEXI

孩子怕黑、怕鬼怪，大多是孩子“泛灵心理”的独特表现。“泛灵心理”指的是孩子通过想象，把所有事物都看成与人一样具有生命和意识的心理倾向。如果孩子平日经常接收到来自成年人世界的恐吓信息，他们就会长期处于紧张状态，把黑暗看作一个装有恐怖事物的容器。因此，父母应该避免用妖魔鬼怪来恐吓孩子，要给孩子足够的安全感。

此外，营造一个好的睡前气氛对于引导孩子晚上睡觉是非常有效的。家长不妨与孩子在睡前做好约定，比如读完睡前故事就应该关灯睡觉，让孩子形成习惯；也可以引导孩子认识睡眠的重要性等。当然，白天可以带着孩子做一些运动，把孩子的“电量”消耗完，这样有助于他们按时休息。

家庭教育100问

第15问

孩子不想收拾玩具，怎么办？

心理解析
XINLI JIEXI

心理学家皮亚杰发现，2~4岁的儿童把一切事物都看成和人一样是有生命的，常把玩具当作生活的伙伴，与它们玩游戏、交谈，这就是“泛灵心理”的体现。父母可以利用孩子的这种心理，将事物拟人化。例如，当孩子将玩具弄得一团糟时，可以告诉孩子玩具正在哭，因为它想回家了，让孩子从中获得直接的心理体验。如果父母想让孩子懂得某个道理，可以赋予孩子应承担的角色，如“你是它们的小主人”，这比讲大道理更有效果。

同时，父母也要注意某些言行可能会给孩子造成不良影响。例如，孩子被凳子绊倒了，父母通过“打骂”凳子的方式帮孩子出气。受“泛灵心理”的影响，孩子会在“惩罚”凳子后获得内心的平衡，但这种做法相当于帮孩子推卸责任，不利于他们的责任感形成。

家庭教育100问

第16问

孩子在大庭广众下哭闹，怎么办？

心理解析
XINLI JIEXI

斯金纳的强化理论认为，当某种行为发生后给予强化，就会增加该行为再次出现的可能性。因此，当孩子无理哭闹时，如果父母为了暂时停止孩子哭闹所带来的烦恼而应允了孩子，这种不良行为就会得到进一步强化。

面对孩子哭闹，父母一要明确表达自己的态度，即不会做出任何妥协，让孩子意识到哭闹是没有用的，不去强化孩子的不良行为；二要告知孩子问题解决的正确方式，并且表达父母愿意进行沟通的态度，了解孩子的需求，从而解决问题。父母应尽量避免直接采用惩罚的方式，因为惩罚无法让孩子明白解决问题的正确方式是什么，反而起到削弱动机的作用。

家庭教育100问

第17问

孩子说“我不想要弟弟或妹妹”，怎么答?

心理解析

XINLI JIEXI

一些孩子在得知自己将有弟弟妹妹后出现排斥反应是正常的，父母需要走进孩子的内心，理解并且接纳孩子希望能够独享父母的爱的想法。此时，父母不需要在言行上对孩子进行纠正，而要让孩子尽量表达出内心感受，通过语言的表达让孩子的不满情绪得到宣泄。

接下来父母需要坚定地告诉孩子，即使有了弟弟或妹妹，父母对他的爱不会减少。有的孩子即使有父母的保证，可能还是不能接受有弟弟妹妹，父母可以多次向孩子强调，并且在日常生活中多和孩子拥抱等，消除孩子担心父母的爱会被剥夺的想法。此外，父母也需要注意，不要因为过度关注孩子的感受而对孩子过度宠爱，否则容易助长孩子以自我为中心的不良习惯。

家庭教育100问

第18问

孩子拒绝父母的帮助发小脾气，怎么办？

心理解析
XINLI JIEXI

当孩子的自主感越来越强烈时，他们会倾向于自己决定做什么或不做什么。在他们看来，别人的帮助就是在否定他们的能力，这种“否定”让他们很难受，他们会用大哭大闹来宣泄自己的情绪。

当孩子发小脾气时，父母可以试着去接纳孩子的情绪，允许孩子情绪的存在。同时父母可以放手让孩子自己解决问题，给孩子足够的空间让其自由发挥，鼓励孩子、支持孩子，并进行适当的指导，从而培养孩子的自主性，消除孩子的疑虑。但父母不能听之任之、放任自流，要把握好“度”，这样才有利于孩子独立自主品质的形成。

家庭教育100问

第19问

孩子摔倒了，怎么办？

心理解析
XINLI JIEXI

自我决定理论认为，个体的自我决定行为与个体的基本心理需要（自主需要、胜任需要和归属需要）息息相关，个体的基本心理需要得到满足，有利于个体自我完善、积极发展，从而强化个体的自我决定行为。归属需要是指人作为带有社会属性的动物在现实中感受到的相互关联、人际亲和力、安全感、被尊重和关心的程度。

现在许多父母在面对孩子摔倒的求助时会选择拒绝，不管孩子怎么哭闹都不会扶孩子起来，本意是为了锻炼孩子坚强的意志，但是这种坚决拒绝的行为可能会使孩子归属与爱的需要得不到满足而产生不安全感。因此，当面对孩子摔倒的情境时，父母既要给予孩子自己克服困难的选择，鼓励孩子自己站起来，同时也应该给予孩子寻求帮助的选择，满足孩子的基本心理需要，创设父母支持的环境，提升孩子个人成长的主动性。

家庭教育100问

第20问

孩子有暴力行为，怎么办？

心理解析

XINLI JIEXI

孩子的暴力行为有时候是通过观察学习来的。如果发现孩子有暴力行为，父母要思考一下家庭环境中是不是也存在这种暴力行为。如果存在，便需要改正。当然，孩子的暴力行为也是可以改正的。对于此阶段的孩子，可以合理运用代币的方式来避免暴力行为的发生。当孩子没有采取暴力行为时，给予一个代币（如贴纸或小星星等），这就是一种强化，强化了孩子的“不采取暴力行为”。等到代币积攒到约定的数量，就可以满足孩子的一个愿望，记住这个愿望一定要满足，否则孩子会觉得父母说话不算数，无法与父母建立信任关系。

家庭教育100问

第21问

孩子遇到困难想放弃，怎么办？

心理解析

XINLI JIEXI

当孩子遇到困难想放弃的时候，父母要先倾听，了解他们内心真实的想法。在孩子遇到困难的时候，一味讲道理他们不但不理解，有时候可能还会产生逆反心理。孩子不想继续参与某项活动，可能是因为对困难产生了畏惧心理，从而将困难无限放大。如果父母能先表达理解，然后站在孩子的角度分析问题，给予孩子充分的支持，帮助孩子制订切实可行的小目标，在孩子完成之后给予鼓励、表扬，那么孩子的自信心就会得到提升，行为也会发生转变。同时，父母可以用实际行动为孩子树立榜样，用耐心、陪伴缓解孩子的畏难情绪。

家庭教育100问

第22问

孩子不愿与他人分享，怎么办?

心理解析

XINLI JIEXI

2~3岁的孩子正处在物权敏感期，他们对自己的东西有很强的占有欲，因此不愿意分享。有的父母可能会误以为孩子不愿与他人分享玩具，是自私的表现。其实不然，这种行为是该阶段孩子的正常表现，他们通过对物品的占有和支配来证明“我”的存在。

孩子不愿与他人分享物品的表现，可能表明孩子的自我意识正在不断地建立和发展中。因此，父母不应强迫孩子分享或对孩子进行负面评判，否则可能会给孩子的心理造成伤害，不利于孩子的自我成长。作为父母，在该阶段应该引导孩子树立“别人的东西不能拿”“自己的东西可以自由支配”的观点，帮助孩子形成正确的道德观念。

家庭教育100问

第23问

孩子说长大了想当快递员，怎么答？

心理解析

XINLI JIEXI

每个人都有自己的梦想，当孩子说出自己梦想的时候，父母应该先了解孩子有这个梦想的原因，再确定要不要支持孩子。特别是年幼的儿童，他们对于未来的职业理想有着丰富的想象，孩子的梦想蕴含着孩子的想象，说出自己的梦想是实现梦想的第一步，父母不应折断孩子梦想的翅膀。如果父母反应过激，就等于折断孩子梦想的翅膀，轻则毁了孩子的梦想，重则伤害孩子的想象力。

此外，父母要尊重孩子的梦想，并且教会孩子什么叫作持之以恒。孩子的梦想可能只是短暂的想法，但是实现这个梦想需要一个长久的历程。父母要教会孩子，拥有梦想后应该如何去实现，并告诉孩子只有持之以恒，梦想才会成真。

家庭教育100问

第24问

孩子说自己被凳子绊倒了，怎么答？

心理解析

XINLI JIEXI

孩子在成长的道路上难免会有磕磕碰碰，父母不同的反应模式会让孩子形成不同的价值观念。一些父母为了安抚孩子，拍打凳子出气，这样的方式虽然能够解决眼前的问题，表达了爱意，甚至回避了因自己爱护不力而产生的内疚感，但可能会给孩子留下“后遗症”。一是孩子学会了推诿责任，不管什么问题，第一反应都是认为“这不是我的错”。二是无法建立自我保护意识，不知道如何防止重蹈覆辙，下一次照样会摔。

高情商妈妈以拟人化的方式，让孩子明白自己是这件事情中的责任主体，学会主动负责，并了解避免事情再次发生的方法。

家庭教育100问

第25问

孩子出现分离焦虑，怎么办？

心理解析

XINLI JIEXI

分离焦虑是指孩子因离开熟悉的环境或与亲密的看护者分离而产生的焦虑、痛苦、不安的情绪反应。为避免孩子产生分离焦虑，可以在孩子入园之前进行短暂的分离练习，让孩子体验父母在短暂离开后按时出现的场景，以培养孩子的安全感。正式入园后，父母在分离前要向孩子保证一定会准时接回他们。要注意的是，父母不能用“我去上厕所了，你先进去和别的小朋友玩”等借口偷偷离开。这些看似善意的谎言会让孩子产生不信任感，从而加剧分离焦虑。

对于分离焦虑比较严重的孩子，在刚入园时可采取晚去早回的方式，适当缩短孩子在幼儿园的时间，然后逐步过渡。另外，父母应该避免因孩子哭闹而放弃让孩子每天准时入园，否则后期孩子将更加难以适应。

家庭教育100问

第26问

孩子想要别人的东西，怎么办？

心理解析

XINLI JIEXI

皮亚杰认为，2~5 岁孩子的道德发展正在经历自我中心阶段，缺乏规范自身行为的意识，此时他们看待世界与亲密关系，都会表现出明显的自我为中心倾向。因此，看到任何东西，只要自己喜欢都想占为己有。这时，需要给孩子树立物权意识。父母需要表明态度，东西如果不是自己的就一定不能拿，除非经他人的允许，并且父母也要尊重孩子的物权。例如，不要其他孩子来家里说“这个玩具我想要”，就不顾孩子的意愿拿走送人，否则，孩子就会想：“我到别人家看上了什么东西，是不是想要就能拿走？”

家庭教育100问

第27问

孩子在同伴关系中被排挤，怎么办？

心理解析
XINLI JIEXI

4~6岁是儿童同伴关系发展的关键时期。同伴关系有利于儿童社会价值的获得、社会能力的培养以及认知和健康人格的发展，父母应当鼓励孩子与其他小朋友互动，发展良好的同伴关系，而不是采用消极应对的方式，否则有可能会使孩子以后对同伴交往产生畏惧感。

当孩子被排挤时，父母首先要做的是评估对方是不是总排挤自己的孩子。父母需要协助孩子真正地接纳自己，告诉孩子每一个人都有自己的优点和缺点，但这些并不影响他们成为好朋友。上述问题中，哥哥不与孩子玩耍，可能是由于哥哥各方面都比自己的孩子成熟，这时父母可以跟孩子说明原因，委婉地向孩子表达其可以减少与哥哥的接触。

家庭教育100问

第28问

孩子胆小不敢尝试，怎么办?

心理解析

XINLI JIEXI

鼓励孩子是一门学问。有时候父母看上去是在鼓励孩子，实则没有多大效果，甚至有可能起反作用。例如，“这有什么好害怕的，你看别的小朋友都走过来了”，这句话其实忽略了孩子所面临的困难，否认了孩子的恐惧情绪，让孩子感觉自己没有被理解，从而会变得更加沮丧，怀疑自己。长此以往，孩子会形成不合理认知，即失败时总是归因于自己能力不足，从而变得不自信、胆小和容易紧张。

有效的鼓励，首先要理解和接纳孩子的负面情绪，让孩子感觉到自己被父母接受；其次，可主动向孩子询问需求，给孩子提供适当的帮助，让孩子感觉到有需要的时候父母会在身边，缓解恐惧心理；再次，当孩子有进步或成功时，多让孩子展示并及时夸奖孩子，让孩子获得成就感；最后，多向孩子传达“过程比结果更重要，愿意尝试、尽力去做也是一种成功”的理念，鼓励孩子多尝试。

家庭教育100问

第29问

孩子问到死亡的问题，怎么答？

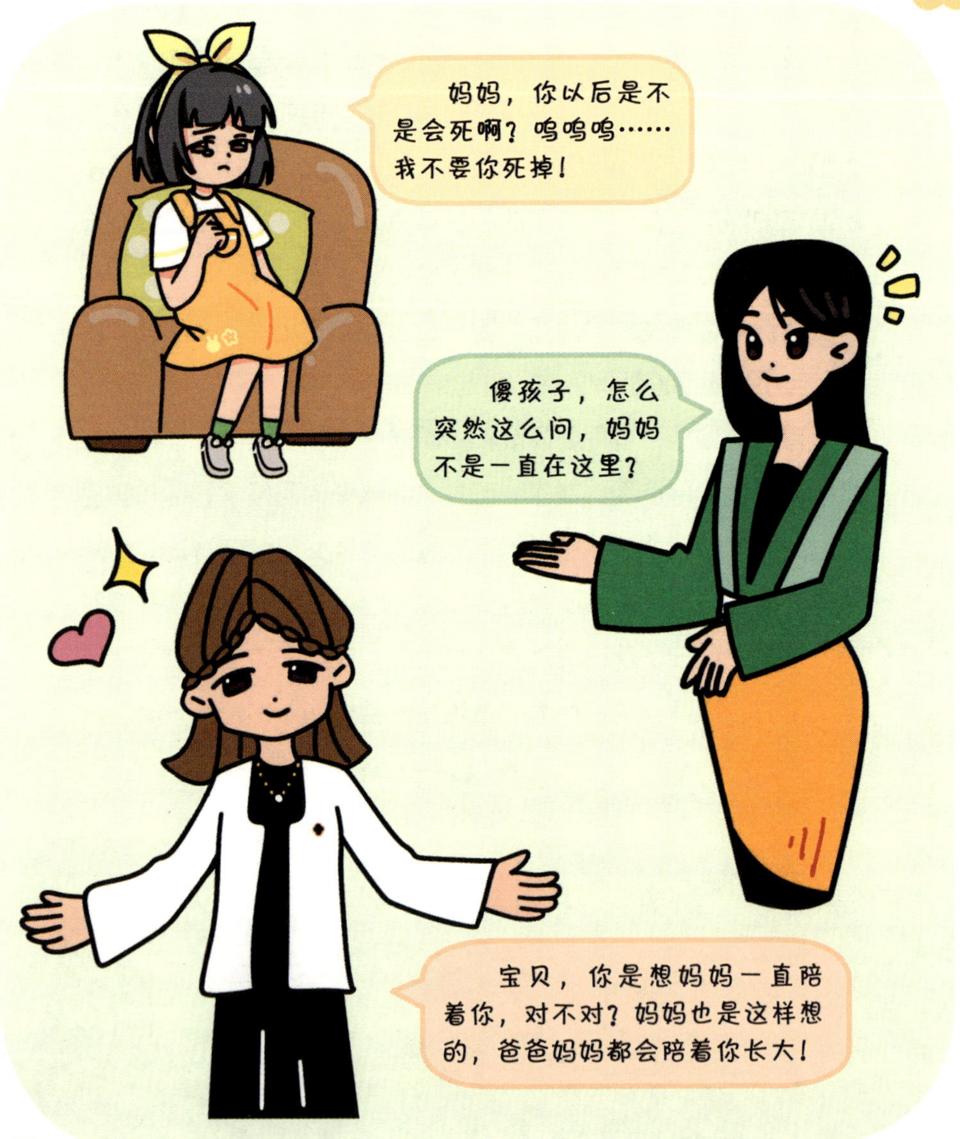

心理解析
XINLI JIEXI

孩子问到自己的父母会不会死亡，表明孩子存在分离焦虑，害怕失去父母，害怕与父母分开，希望父母能一直陪在自己身边。这种分离焦虑就像幼儿园开学第一天一样，孩子不愿意与父母分开。所以，面对这样的问题时，父母首先尝试安抚孩子的情绪，并表示理解与信任，给孩子一个温暖的拥抱，给予孩子安全感。其次，这个年龄段的孩子关注的重点并不是死亡，而是是否有父母的陪伴。父母可以告诉孩子：“我知道你很爱爸爸妈妈，不想离开我们。爸爸妈妈也是这样想的，虽然有一天我们会老去，但是我们会陪伴你一起长大。”最后，在这个过程中，父母应该用陪伴与倾听的方式鼓励孩子表达内心深处的恐惧与悲伤，也可以通过玩游戏、绘画、做手工等方式帮助孩子逐步理解生命与死亡。

家庭教育100问

第30问 孩子吃饭慢，怎么办？

心理解析
XINLI JIEXI

当想让孩子完成“快点吃完饭”的目标时，家长可以帮助孩子将这个目标进行细化，如给孩子设置具体的衡量标准、目标完成的期限，让孩子知道自己已经完成了多少，距离目标还有多远，这样孩子会有目标感，有助于顺利完成目标。

这正是运用了“目标SMART”法则，将目标设置得具体、可度量和可实现。“具体”是指要能够清晰地看到计划要做的事情及完成的程度。“可度量”是指可以从数量、时间等几个维度来衡量。“可实现”是指目标是基于现实的，可以具有一定的挑战性，但在付出努力的情况下可以实现，避免设定过高或过低的目标。

家庭教育100问

第31问

孩子不想做作业，怎么办？

心理解析
XINLI JIEXI

与孩子制订学习契约，可帮助孩子有效控制自己的学习进程，养成良好的学习习惯。同时，与孩子共同商议学习契约的内容，尊重孩子的学习个性和风格，能够有效激发孩子的学习热情，培养优秀的学习品德。

在孩子不想做作业时，允许孩子适当休息，并与孩子做一个学习约定，这种约定本质上就是家庭学习契约。它是孩子和家长共同设计的一种契约，契约中可详细界定孩子的学习目标、达成学习目标的方法、学习活动进行的时间，以及评定学习活动的标准。具体的约定有助于家长了解和监督孩子的学习。同时，与孩子共同商议约定的内容，有助于孩子形成自我负责的意识，避免家庭冲突，发展良好的亲子关系。

家庭教育100问

第32问

孩子不想画画了，怎么办？

心理解析
XINLI JIEXI

心理学家罗森塔尔到一所小学进行一项实验，他随机挑选了部分学生，并声称他们是最有发展前途者。8个月后，奇迹出现了：凡是上了名单的学生，成绩均有了较大的进步，且性格活泼开朗，自信心强，求知欲旺盛，更乐于和别人打交道。这就是期望效应。

因此，孩子在刚开始学习一项技能时，可能会因为学不好而受挫，这时父母应多给予孩子正向的鼓励，肯定孩子在学习过程中的表现，并具体表达对孩子的合理期望，这样会使孩子信心倍增，动力满满。相反，如果父母以否定的方式来“激励”孩子，孩子可能会因此给自己贴上“我是一个容易放弃的人”的标签，这不利于孩子心理的健康发展。

家庭教育100问

第33问

孩子嫌妈妈的字丑，怎么办?

心理解析
XINLI JIEXI

心理学家班杜拉曾做过一项关于模仿学习的研究，发现儿童社会行为的习得主要通过观察、模仿现实生活中重要人物的行为。家长在孩子的成长过程中扮演着重要角色，是孩子一生中重要的榜样。所以，家长应以身作则，同孩子一起练字，这样的效果往往比言语说服更好。

此外，学习动机是激发、维持、引导孩子进行有效学习的一种动力。大多数儿童还不能很好地理解学习的意义，学习动机常常是被动的，易受外界具体因素的影响，这些动机被称为外部动机。他人的称赞或欣赏就是一种明显的外部动机。因此，家长也可以利用这一动机鼓励孩子练字，激发孩子练字的兴趣。

家庭教育100问

第34问

孩子说不想学英语，怎么答？

心理解析

XINLI JIEXI

孩子处于英语启蒙阶段，学习不顺利的时候可能会出现抵触、厌烦的心理。这时父母可以在海量的英语学习资源中寻找孩子感兴趣的内容，将学习转化为孩子感兴趣、能理解的目标，从而激发孩子的内驱力。内驱力强的孩子，不管有没有外在奖励，都能积极主动地学习，并能从中获得乐趣和成就感，遇到困难和挫折的时候，也不会轻易放弃。

但如果父母只是一味地要求孩子学习英语，那么孩子的学习动机只是来自父母的压力，在学习中体会不到乐趣，一段时间里可以被推着前进，一旦外力减弱或消失，就会立马被打回原形。因此，当孩子不想学习时，引导孩子主动接触自己感兴趣的内容，让孩子自发形成学习内驱力，是更为重要的。

家庭教育100问

第35问 孩子说自己也不容易，怎么答？

心理解析
XINLI JIEXI

普通父母面对孩子说“不容易”时，倾向于直接回复自己比孩子更不容易，对孩子的不容易之处选择忽视。其实孩子说自己不容易时，是在间接寻求关注与安慰，如果父母选择忽视，将会使孩子寻求归属与爱的需要受阻，使孩子感到自己被忽视，从而造成孩子对父母的不信任，导致孩子缺乏安全感。

高情商父母则具有较强的共情能力，首先他们不会直接否认孩子的不容易之处，而是将孩子的不容易之处与自己的真实感受相类比，让孩子感受到来自父母的认可和关心。然后进一步询问孩子的不容易之处是什么，从而有针对性地给予孩子安慰与支持，给孩子带来信任感，促进孩子人格的健康发展。

家庭教育100问

第36问

孩子说不想去上学，怎么答？

心理解析
XINLI JIEXI

当孩子表示不想去上学时，普通父母可能会下意识地否定孩子的想法，甚至批评孩子，认为这是孩子不想学习的表现。这种“惯性”思维可能会让孩子丧失对父母的信任感以及安全感，让孩子产生不被理解、不被关心和重视的感觉，容易让孩子产生逆反心理，对上学更加排斥。

在上述情境中，父母要懂得倾听，第一时间关注孩子问题背后的原因。如果孩子受了委屈或遇到了挫折，父母的倾听和关心有利于化解孩子心中的不快，帮助孩子勇敢地面对挫折和挑战。另外，还要学会共情，站在孩子的角度，体验孩子的内心世界，理解孩子的内心感受，这会让孩子感受到来自父母的理解和尊重，增进孩子对父母的信任感，使其敢于向父母袒露自己的内心世界。

家庭教育100问

第37问

孩子诉说学校的烦心事，怎么答？

心理解析

XINLI JIEXI

孩子向父母诉苦时，父母会下意识地先看到孩子的不合理行为并进行批评，想要纠正孩子的行为。其实，孩子诉说自己的烦心事，是希望得到父母的认同、理解和支持，因为家对于孩子来说，是最安全、最可靠、最值得依赖的地方。当父母对孩子只有批评时，可能会让孩子失去安全感。

因此，在倾听孩子诉苦时，父母应站在孩子的立场，先对孩子的情绪表示理解，再慢慢地引导孩子去思考问题。很多时候孩子在面对一件事时会更加关注自己的感受，而忽略自己的做法其实是有问题的。父母需要引导孩子学会正确、全面地看待问题，让孩子学会站在对方的角度来考虑问题，即换位思考。例如，爸爸妈妈可以问问孩子：“如果你是他，你会怎么做呢？”“你这样批评他，他会怎么想呢？”这样一来，孩子慢慢就能学会理解对方了。

家庭教育100问

第38问

孩子问长大了做什么最赚钱，怎么答？

心理解析

XINLI JIEXI

舒伯的生涯发展阶段理论指出，4~10岁的孩子对职业的认知发展任务为发展自我形象，发展对工作的正确态度，并了解工作的意义。孩子提出有关未来职业的问题时，父母不应觉得孩子的问题还很遥远，回答就没有意义。相反，需要肯定孩子能够提出自己的问题与想法，培养孩子的自信心，告诉孩子提出问题比解决问题更重要。

对于孩子一些不成熟的职业价值观，如将职业和金钱相关联的想法，父母可以借助具体例子，比如孩子熟悉的人和事，循序渐进地引导孩子对问题进行思考，让孩子更好地理解职业价值。此外，4~10岁的孩子会对自己觉得好玩和喜爱的职业充满幻想并进行模仿，父母可以带领孩子一起体验不同的职业，增进孩子对职业选择的多元认知。

家庭教育100问

第39问　孩子被弟弟欺负了，怎么办？

心理解析
XINLI JIEXI

通常孩子需要父母提供的帮助可分为三个维度：情绪帮助、现实帮助和信息帮助。因此，当孩子抛出一个“需要解决”的问题时，可以先观察他需要的是哪个维度的帮助。例如，如果孩子觉得自己已经很迁就弟弟了，但是弟弟无缘无故打他，他感到很委屈，那他可能需要的是情感上的支持。父母首先需要提供情绪帮助，安抚孩子的情绪，必要的时候可以抱一抱孩子。大部分孩子在情绪稳定下来后，能够自己寻找解决方法。

如果孩子已经很冷静了，或者情绪已经平复了，那么此时父母可以提供一些现实帮助或信息帮助，引导孩子分析情况，积极地与孩子探讨解决方法，例如询问弟弟为什么打他，帮助孩子学会更好地处理人际矛盾。

家庭教育100问

第40问 孩子被同学冤枉了，怎么办？

心理解析

XINLI JIEXI

根据马斯洛的需求层次理论，每个人都有受到他人尊重的需要，这是对其个人努力、能力及成就的认可。就孩子考试而言，成绩是他们努力的成果，是应当得到别人尊重的。因此，自己的成绩被同桌质疑，会让孩子的心理受到伤害。此时，父母应给予孩子足够的信任和尊重，让孩子尊重的需求得到满足，从而有利于孩子对父母产生信任感。

同时，父母可引导孩子在遇到问题时学会使用非暴力沟通。非暴力沟通包含观察、感受、需要、请求四个要素，主张重视每个人的需要，以问题解决为导向，通过转变谈话和聆听的方式，避免问题出现时双方的对抗与争辩。例如，当孩子被人误会时，父母可引导孩子具体说明情况，表达自己的真实感受，并提出自己的需求及对对方合理的请求，正当维护自己的立场。

家庭教育100问

第41问

孩子没有得到老师的表扬，怎么办？

心理解析

XINLI JIEXI

根据学习动机的强化理论，老师表扬孩子的行为后，孩子会因受到表扬而内心愉悦。为了再次获得老师的表扬，他们会倾向于做得更好。虽然这种外在强化有利于改善孩子的学习状态，但当“老师表扬”这一强化物消失了，孩子可能会产生“老师不表扬我，那我也不想再表现好了”的想法。

只有当孩子认为学习有意义、有价值，且自己有能力学习、有能力达到老师的期望时，才会形成学习的内在动力，自觉努力学习，不再只依赖于外在强化。高情商妈妈的回答，重在引导孩子体验学习带来的成就感，获得努力的动力，正确认识学习的意义。同时，孩子希望得到表扬的心理需求也应得到满足，以维持孩子的自信心和学习动力。

家庭教育100问

第42问

孩子忘记做作业了，怎么办?

心理解析
XINLI JIEXI

孩子在成长的过程中难免犯错。面对犯错误的孩子，父母会有种“恨铁不成钢”的心情，总期待自己能尽到教育者的责任，但在教育的方式上却容易出现偏差。普通爸爸的回答只从父母的角度出发，对孩子的行为进行批评和教育，甚至得出“根本没把学习放在心上”的结论。声色俱厉的训斥、批评，只会激起孩子的对立情绪和逆反心理，既不利于孩子改正错误，也不利于孩子的身心健康。

高情商爸爸则采用相对温和的教育方式。一方面，面对犯错误的孩子，多些宽容和尊重，在沟通中注意与孩子的地位平等，并真诚交流想法。另一方面，启发孩子自我反省，进一步进行有效沟通，从而达到教育的目的。

家庭教育100问

第43问

孩子背后嘲笑别人，怎么办？

心理解析
XINLI JIEXI

儿童由于心智发展不成熟，容易通过外貌等表面信息对他人进行评价，产生片面看法，甚至形成偏见。父母如果忽视、默许孩子的这种行为，甚至本身在日常生活中就存在歧视与偏见的言行，那么会给孩子的人格形成和价值导向造成不良的影响，甚至可能让孩子产生当众嘲笑、辱骂以及替别人取侮辱性绰号等行为，而这些已经属于校园欺凌中的言语欺凌了。

因此，在面对孩子的此类行为或言语时，父母应及时地加以制止和教育。一是引导孩子通过恰当的方式更多地了解对方，平等对待他人；二是让孩子学会换位思考，站在他人的角度想问题，了解被歧视者的感受；三是提升父母自身的修养水平，在待人接物上给孩子树立榜样，形成优良的家风。

家庭教育100问

第44问

孩子问能不能再养宠物，怎么答？

心理解析

XINLI JIEXI

孩子兴趣稳定性差，易受偶然因素的影响，因而存在“来得快去得也快”的兴趣表现，往往在宠物买回来一段时间后就不喜欢、不想照顾了，然后又有了新的想法。面对这种情况，父母无须急着反对或批评，而应在理解的基础上进行耐心的引导和启发，帮助孩子建立责任意识，并形成稳定的兴趣。

首先，要让孩子知道，宠物与人一样是有生命的，要尊重动物，培养爱心；其次，要引导孩子对自己先前的行为负责，建立责任意识；最后，帮助孩子了解小动物的生活习性，在明确随后行为的方向和结果的基础上，让孩子自主做出选择，并对自己的选择负责，促进孩子更好地成长。

第45问

孩子把地板打扫得很干净，怎么夸？

心理解析
XINLI JIEXI

心理学上著名的“德西效应”表明，如果孩子已经对某项活动产生兴趣，此时再给孩子奖励不仅显得多此一举，还有可能适得其反。因为一味奖励会使孩子把奖励看成活动的目的，导致活动目标转移，而只专注于当前的奖励。所以，父母要特别注意正确使用奖励的方法，避免“德西效应”。

当孩子还没有形成内部动机时，父母通过给予外在奖励加以推动，这种奖励是必要和有效的。但孩子向父母炫耀劳动成果时本身已获得成就感，如果父母还用外在奖励来强化，很有可能随后孩子会为了外在奖励而劳动，劳动兴趣会逐渐变弱。高情商妈妈的赞美则维持了孩子让家里变得干净、整洁的内部动机，更具有持续性。

家庭教育100问

第46问

孩子说谎，怎么办？

心理解析

XINLI JIEXI

孩子的大多数谎言属于“自助式谎言”，目的是避免麻烦或惩罚，给别人留下好印象或获得某种东西满足自身的需求。从客观方面来看，孩子对是非的辨别能力较弱，身边的人的一些不当举动有可能会成为孩子模仿的对象。

因此，当孩子出现撒谎行为时，父母不要急着从品德评判的角度给孩子贴上标签，而应充分了解事情的来龙去脉，再帮助孩子应对出现的问题。父母可以心平气和地和孩子聊聊，问问孩子到底怎么回事，给孩子解释的机会。当父母了解了事情的原委后，可以教给孩子正确的应对方法。在这个过程中，父母始终抱着信任孩子的态度，告诉孩子不管他做什么爸爸妈妈都会爱他、帮助他，只要他需要，随时可以找爸爸妈妈倾诉和求援。父母足够的信任和支持，能有效避免孩子的撒谎行为。

家庭教育100问

第47问

老大抱怨父母“偏心”，怎么答？

心理解析

XINLI JIEXI

当家里有二宝时，家庭就会变成孩子们的小小社交场，孩子之间会存在社会比较和同胞竞争。当孩子对自己的能力越不确定的时候，越想通过社会比较的方式来确定自己到底好不好。因此，不要为了激励一个孩子而打击或忽略另一个孩子，不要在孩子之间进行任意比较，而要让他们都感受到由衷的被欣赏。作为父母，应注意给予孩子们同等的关注，不要让孩子感觉自己被忽视。

同胞竞争虽然会给父母带来一些纷扰和烦恼，影响家庭氛围，但它也有存在的意义和价值。在比较和竞争中，孩子们不仅可以学会谈判、妥协、轮流做事情，还能学会考虑并协调彼此的立场等。作为父母，在平时生活中应该更多地营造组织和合作的氛围，而不是强调比较，应让孩子理解并接受生活中的公平并非绝对的公平或平等。

家庭教育100问

第48问

孩子生气迁怒于父母，怎么办？

心理解析

XINLI JIEXI

面对孩子的不良情绪，父母应注意不要用激烈的言语。父母不恰当的态度与评价，会让孩子产生愤怒、悲伤、压抑等不良情绪，可能引发孩子的反抗心理，并进一步影响日后与孩子的交流。

当孩子存在负面情绪时，父母应冷静对待，理解孩子情绪表达背后的需求。待孩子愿意打开心门表达自己的真实感受后，再心平气和地与孩子沟通，如此才能真正帮助孩子摆脱负面情绪。

家庭教育100问

第49问

孩子说自己是笨小孩，怎么答？

心理解析

XINLI JIEXI

孩子在周围环境的影响下，可能会有意无意地给自己贴上“笨小孩”的标签。父母需要做的就是帮助孩子正确认识自己，不被标签限制发展。

一方面，父母应该澄清“笨”的定义，告诉孩子每个人的能力发展是不一样的，并发掘孩子的闪光点，通过以往的事实帮助孩子找出自己的长处，让孩子认识到自己并不是笨小孩。另一方面，父母也应该认识并接纳孩子在某些方面的不优秀，不要一味地强调学习的结果，而要表扬孩子努力和尝试的行为，让孩子学会享受学习的过程。父母也可以用自己的经历鼓励孩子，让孩子意识到不仅仅是他，就算是父母也会遇到困难，从而避免一遇到困难就给自己贴上“笨小孩”的标签。

第 50 问

孩子觉得父母偏爱弟弟妹妹，怎么办?

心理解析
XINLI JIEXI

孩子会产生父母更爱其他兄弟姐妹而不爱自己的想法，有可能是因为某些时候父母的处理方式让孩子觉得自己被忽视了。也许父母的本意并非如此，但是对孩子而言，他确实感到被忽视了。当这种想法出现时，首先要理解孩子的感受，尊重孩子的行为，而不是立马觉得“父母这么不容易，你还不知道感恩”或者“父母一直挺在乎你的，一定是你理解错了”，这样很容易站在孩子的对立面，引起孩子的逆反心理。

父母需要及时调整与孩子的相处模式。在兄弟姐妹之间存在“偏爱”的家庭关系，不仅会导致亲子关系出现裂缝，还会让孩子之间相互嫉妒。所以，父母应该引导孩子说出自己的感受和心里的“问题事件”，并及时对这件事情进行解释，帮助孩子消除内心的小疙瘩。

家庭教育100问

第 51 问

孩子说同学不喜欢自己，怎么答?

心理解析

XINLI JIEXI

低年级儿童思维较为片面，但又格外注意他人评价，因而在与他人交往的过程中，容易形成错误归因。归因的一个重要维度是内外源，所谓内外源，是指所知觉到的原因是个人因素（如能力、努力）还是环境因素（如任务、难度、运气）。当孩子将不好的事情一味地进行内在归因，也就是认为不好的事情发生的原因总在自己身上时，他就会觉得自己“不可爱”“很差劲”或者“不值得喜欢”等。

因此，当孩子出现这种消极的内在归因时，父母应及时帮助孩子客观地分析问题，引导孩子往积极的方向进行归因，同时鼓励孩子主动沟通，在人际交往中树立自信，帮助孩子更好地成长。

家庭教育100问

第52问

孩子被同学嘲笑，怎么办？

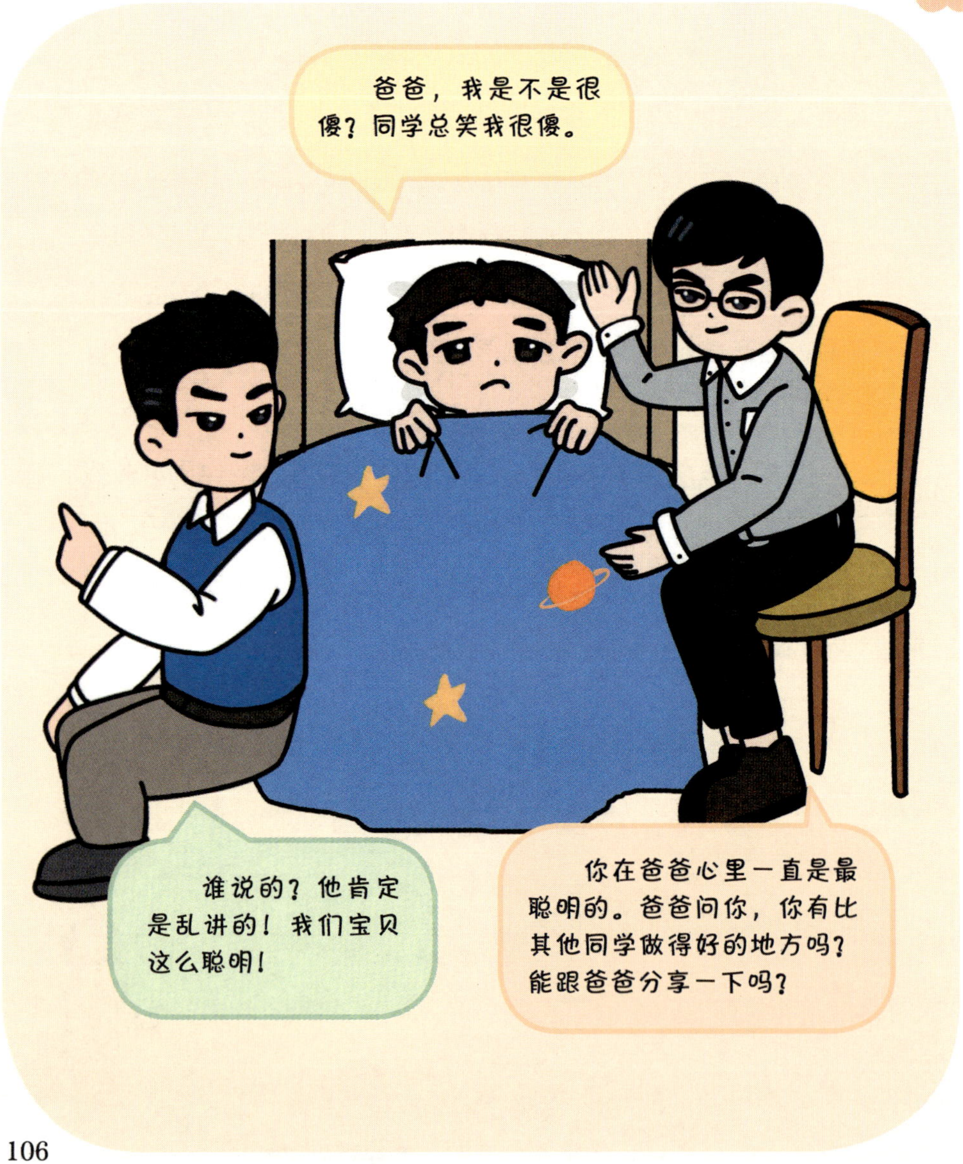

心理解析

XINLI JIEXI

童年时期，父母给予孩子足够的关注和无条件的爱，是孩子心理健康发展的首要条件。也就是说，父母应让孩子感受到，即使他不完美或犯错了，父母仍会一如既往地爱他、信任他。这样，孩子内在的自我价值感才会提升，才能客观地看待他人的评价。

同时，父母应该引导孩子从多个维度全面、客观地认识自己：第一，自我观察；第二，他人评价；第三，社会比较。自我观察和他人评价难免会有各自的主观投射。因此，可以让孩子通过合理的社会比较更好地认识自己。父母也应该告诉孩子，每个人都有缺点与闪光点，让孩子接纳不完美的自己，以便更好地面对未来。

第53问

同伴向孩子提出不合理要求，怎么办？

心理解析
XINLI JIEXI

自入学起，儿童会逐渐发展同伴关系，同伴成为其主要的社会交往来源之一。健康的同伴关系是相互平等、相互尊重的。在交往过程中，由于个体的气质与性格差异，每个人与同伴交往的方式不同。同时，同伴交往过程中会形成各个紧密的小团体，如此一来，人际交往过程中就会出现各种问题。

因此，当孩子在人际交往过程中感到困惑时，父母不应急着下结论，也不应直接帮孩子解决问题，而要客观地了解孩子目前的同伴关系情况。如果发现自己的孩子处于劣势地位，父母应该及时安抚孩子的情绪，倾听孩子的想法，还可以进一步向老师和其他同学了解情况，并教会孩子合理拒绝他人不正当的要求，保护自己，树立正确的同伴交往观念。

家庭教育100问

第54问

孩子被认为性格内向没人一起玩，怎么答？

心理解析

XINLI JIEXI

内向和外向的主要区别在于心理能量指向的方向，即心理能量的获得更多的是源于外界还是自身。因此，内向并不是一种性格缺陷。事实上，内向者有很多优点，比如能觉察到微妙的信号，可以更好地理解他人的感受、想法和行为，更喜欢深思熟虑，擅长抽象思维和做决策等。

所以，父母应该让孩子知道内向并不是不好的，让孩子理解并接受自己的性格特点，而不是回避，或生硬地进行扭转，这反而会强化孩子对不同性格的错误认知。此外，父母要因材施教，在生活中多多观察，发掘孩子的闪光点，鼓励孩子发现自身的长处，拓展自己的人际交往圈子，培养孩子的自信心。

家庭教育100问

第55问 孩子看到别人需要帮助，怎么办？

心理解析
XINLI JIEXI

在心理学和社会学领域，上述情境中提到的“帮他人提东西”属于亲社会行为。亲社会行为是指任何符合社会期望而对他人、群体或社会有益的行为及趋向，如帮助他人、分享、与他人合作等等。亲社会行为不仅会促使孩子形成积极的社会价值观，有利于孩子的身心健康，还有利于孩子获得或巩固友谊。

此外，帮助别人还有改善心境的作用。当受助者的痛苦消除并开始快乐起来的时候，助人者同样会受到这种情绪的感染，自己也变得更加愉快。因此，作为父母，在日常生活中应注重帮助孩子养成乐于助人的习惯，培养良好的道德品质，从而让孩子更好地学习社会规范、融入社会。

家庭教育100问

第56问 孩子写作业拖延，怎么办?

心理解析
XINLI JIEXI

拖延是一种自我防护，往往发生在自我价值感和独立感受到威胁的时候。当孩子出现拖延行为的时候，倘若父母使用强制或者恐吓的方式让孩子去执行，虽然能在短时间内让孩子按部就班，但是时间久了容易使孩子产生逆反心理，甚至因为自我价值感、独立感的缺失而加重拖延。

因此，父母要注意不要用一种居高临下的态度对孩子“发号施令”，而要以平等的方式同孩子交流，尊重孩子的独立性，倾听孩子在时间安排上的想法，在孩子自身安排的基础上进行监督提醒，引导孩子合理地分配时间，慢慢地增强对时间的控制感和自我价值感，进而摆脱拖延。

家庭教育100问

第57问

孩子被同学嘲笑画画不好看，怎么答？

心理解析

XINLI JIEXI

当孩子遭遇外界负面评价的时候，内心难免会产生一定的挫败感，此时如果父母没有及时地给予积极的反馈和支持，那么孩子很有可能会陷入低自我效能感的不良状态，失去自信心，进而影响自我认知。在以后的学习生活中，孩子更容易因为对于负面评价的恐惧而表现出自卑、畏难行为。

因此，及时积极的反馈有助于孩子重拾自信心，重新构建自我认知。在反馈的同时也需要注意表述问题，不应过于宽泛地夸奖。正面反馈需要有一定的针对性和具体性，这样孩子才能感受到父母的真诚与肯定，从而更容易从反馈中获得正向的心理能量，增强自我效能感，最终对自身形成更加全面的认知。

家庭教育100问

第58问

孩子说长大后想开挖掘机，怎么答？

心理解析
XINLI JIEXI

孩子在小学阶段对社会生活的兴趣越来越浓厚，容易对自己未来的职业产生遐想与憧憬，此时正确的职业启蒙有助于孩子树立正确的职业价值观，形成正确的职业认知。如果日常教育中父母对某种职业存在偏见，就会使孩子在潜意识中形成不正确的职业价值观，如拒绝做技术劳动方面的工作等。

所以，在职业启蒙中，父母应该从孩子的观念层面出发，以客观、积极的方式向孩子展示各种职业类型及其相关情况，并顺势引导和启发。父母可以通过提问的方式，帮助孩子较为全面地认识和了解各种职业岗位的特点。此外，父母可以有意识地为孩子创造参观、社会实践的机会以接触多种职业，使孩子对劳动和职业的特点有具体感性的认识，从而理解劳动的意义并乐于劳动。

家庭教育100问

第59问

孩子向父母索要零花钱，怎么办？

心理解析
XINLI JIEXI

一方面，同伴交往在小学生的生活中占据了重要的地位，孩子的行为会受同伴的影响。当他们看到同学有零花钱的时候，也希望父母能给自己零花钱。另一方面，小学生的认知能力有了一定的发展，他们倾向于自己做决策，在金钱方面也是一样。当孩子向父母索要零花钱的时候，父母要信任他们，要充分相信他们有足够的能力管理金钱。

父母可以先询问孩子要钱有什么用途，再选择恰当的方式提供零花钱。父母可以根据孩子的年龄大小，结合孩子的需求和当地的物价水平，与孩子一起商讨制订零花钱制度，确定给的金额和频率。零花钱制度不仅能够满足孩子独立自主的需求，还能帮助孩子树立正确的金钱观，培养金钱管理和延迟满足的能力。

家庭教育100问
第60问

孩子借的书快超期了，怎么办？

心理解析

XINLI JIEXI

小学生在认知上表现出从具体形象性向抽象逻辑性发展的趋势，已经逐步形成了系统的道德认识以及相应的道德行为习惯，但这个时候的认识还缺乏原则性。因此，当小学阶段的孩子表现出未能遵守社会规则的行为时，父母不要一味地讲大道理，应直接告诉孩子该怎么做，并借助对一些具体事例的讨论来帮助孩子形成正确的认识。

在上述对话情境中，当孩子表示想继续保留快超期的图书时，家长要直接告诉孩子应该如何做，然后再与孩子讨论为何要这样做，如可以通过换位思考，让孩子认识到不按时归还图书将给自身和他人造成的负面影响，引导孩子通过分析、判断学会恰当的处理方式。

家庭教育100问

第61问

孩子没有按时交作业，怎么办？

心理解析

XINLI JIEXI

刚入学的孩子还未把作业看成是学习的重要组成部分，还不能以负责任的态度来对待作业。面对孩子未按时上交作业的情况，父母的指责、批评容易让孩子产生防卫心理，不愿意承认自己的错误，从而陷入一种争对错、关系恶化的情境中，最终使孩子的回应与父母的要求相去甚远。相比一味地指责，帮助孩子培养良好的习惯更加有用。那么，要如何帮助孩子纠正不好的习惯呢？

首先，父母的一言一行都对孩子的成长有潜移默化的影响，在日常生活中父母要做出表率。其次，可以让孩子意识到丢三落四的危害，当孩子忘记带作业到学校时应适当地让孩子自己承担丢三落四的后果，例如得不到老师的夸奖或者被记录批评等。最后，孩子自己有能力完成的事情，父母应让孩子独立完成，让孩子在小事中养成独立的习惯。

家庭教育100问

第62问

孩子学游戏里的人物打人，怎么办?

心理解析
XINLI JIEXI

小学生的认知和自控能力尚未完全形成，容易受到外界环境的影响。若父母不及时关注并进行合理的教育，孩子可能会模仿游戏中的负面行为，做出打人等攻击行为。

首先，父母要冷静、客观地看待这类问题，要让孩子意识到打人是不对的，并帮助孩子区分现实世界和游戏中的虚拟世界。其次，父母要对孩子使用电子产品进行严格但灵活的教育，可以跟孩子约法三章，约定每天玩游戏的时间等。再次，父母可以多花时间和孩子相处，交流感情，培养其他的兴趣爱好，比如读书、运动等健康的娱乐方式。最后，在教育孩子的过程中要注意保持耐心、认真聆听，千万不要做专制、粗暴的父母，一言不合就打骂，这样只会让亲子关系产生更大的裂变。

家庭教育100问

第63问

孩子问些稀奇古怪的问题，怎么答？

心理解析

XINLI JIEXI

首先，孩子在认识世界的过程中会遇到很多问题，提问是孩子观察、分析、思考的结果。因此，孩子提的问题，无论是深刻的还是看似稀奇古怪的，都是非常值得鼓励的，这表明孩子对自己或外面的世界充满好奇，想要探索。

其次，在孩子眼中，父母见多识广，因此孩子多会向父母提问。面对孩子的十万个为什么，父母不一定要直接告诉孩子答案，可以用反问的方式，保持孩子的好奇心。用问题引导孩子思考，寻找答案，让孩子养成独立思考的习惯，经历获得成就感的过程，渐渐地孩子会喜欢和习惯思考。

最后，不要盲目回答或敷衍孩子。往往在成人看来无用、不重要的问题，对一个孩子而言有可能就是很重要、很有意义的问题。父母应该尊重孩子的想法，积极回应孩子的问题，陪孩子一起探索这个世界。

家庭教育100问

第64问

孩子不愿与父母分床睡，怎么办？

心理解析

XINLI JIEXI

孩子对父母产生依恋是很正常的现象，这代表孩子希望得到归属与爱。培养孩子的独立意识是有必要的，但要循序渐进。强行分房，可能会切断孩子跟外界建立起来的安全链，让孩子变得胆小、缺乏安全感。孩子害怕分床睡，在某种程度上是一种分离恐惧。

父母在处理孩子分床睡的问题时，要用温柔坚定的语气告诉孩子，即使分床睡觉，爸爸妈妈也会一直在，孩子害怕了随时可以过来找父母，让孩子相信父母会在他害怕的时候给予支持和温暖。父母可以一步步加以引导，例如开始时可以先陪伴孩子入睡再离开，几次过后再让孩子尝试一个人睡觉，在孩子尝试阶段也要给予鼓励和支持，引导孩子一步步走向独立。需要注意的是，每个孩子能独立睡觉的年龄不同，没有统一的标准，父母要根据自己孩子的特点来应对。

家庭教育100问

第65问

担心孩子玩闹容易受伤，怎么办？

心理解析
XINLI JIEXI

研究显示，童年时期与伙伴的身体接触，有助于培养孩子的亲社会行为，激发孩子的分享意识和同理心。根据个体心理发展理论，孩子喜欢打闹的原因之一是有社交需求。在经过平行游戏、独立游戏阶段后，孩子会进入联合游戏阶段，这一阶段的孩子喜欢进行语言沟通、交换彼此的玩具、参与集体游戏，甚至攻击。孩子之间的轻微打闹一定程度上体现出他们的社交需求。打闹游戏不仅可以帮助孩子结交朋友，保持友谊关系，还能引导孩子建立和维护自己的主导权。

因此，父母要关注孩子的社交需求，在保障孩子安全的前提下让孩子参与游戏，而不是一味地禁止。父母可以为孩子提供安全指导，制订打闹游戏需要遵守的规则，如游戏时寻找合适的环境，不得攻击他人，不使用物品作为武器等。

家庭教育100问

第66问

孩子被起外号觉得烦恼，怎么办？

心理解析
XINLI JIEXI

当孩子被同学起外号时，他们会觉得自己被对方嘲笑，以致变得敏感、自卑。面对这种情况，父母应及时与孩子进行沟通，告诉孩子这并不是他的错，并进行合理引导。首先，要区分同学起外号是善意的还是恶意的。如果是善意的，可以引导孩子委婉地向对方表达自己的感受，表明自己并不愿意被这样称呼。如果是出于恶意，父母应引导孩子合理地进行反抗，提醒孩子如果对方没有停止起外号的行为，要勇敢地告诉老师和家长。

当孩子面临困难时，父母要给予孩子支持与鼓励，并教会孩子认识到起外号是他人的问题，并不是自己的问题。有些孩子听到他人给自己起的外号后，像贴标签似的为自己加上层层枷锁，慢慢变得自卑、内向，这是没有及时进行心理疏导的后果。

家庭教育100问

第67问

孩子说昨晚没睡好，怎么答？

心理解析
XINLI JIEXI

灾难化思维是指由于对未来的过度担心、焦虑和恐惧，经常臆想出很多灾难并认定这些灾难已经发生。父母因为孩子偶尔一次失眠而认定孩子的成绩就会受到影响，这其实就是父母灾难化思维的体现。孩子的判断能力和思考能力还在发展中，如果父母经常用灾难化思维教育孩子，孩子极易受到影响并且可能使用灾难化思维方式分析、思考问题。

因此，父母在面对孩子成长过程中出现的各种问题时，要“就事论事”地去分析和解决，而不是“以偏概全”地妄加推测将来的各种灾难和不幸。在上述情境中，父母可以先了解一下孩子没睡好的具体原因，再针对原因帮助孩子进行合理的调节。

家庭教育100问

第68问

孩子说受到校园欺凌，怎么答？

心理解析
XINLI JIEXI

校园欺凌给受欺凌的孩子造成的伤害不容小觑，容易留下阴影，长期难以平复。社会支持理论认为，一个人所拥有的社会支持网络越强大，就能够越好地应对各种来自环境的挑战。对孩子而言，父母是其获得支持的重要来源之一。因此，父母首先应该肯定孩子及时向父母求助的行为，让孩子感受到来自父母的强大支持，同时也让孩子知道以后遇到类似事件应该如何正确处理。

此外，被欺凌者对于欺凌的不恰当归因也是校园欺凌造成的危害之一。如果父母将孩子受到欺凌归因为孩子自己的问题，那么会导致孩子低自我评价与更严重的心理问题。因此，当孩子遇到校园欺凌事件时，父母应该先了解具体情况，给孩子提供支持和帮助，必要的时候可以和学校老师沟通，合理解决问题，而非让孩子以暴制暴。

家庭教育100问
第69问

孩子愤怒的时候，怎么办？

心理解析

XINLI JIEXI

当孩子处在极度愤怒的情绪中时，给孩子留下冷静思考的时间不失为一种高情商的做法。面对愤怒，宽容、忍让不是消极的逃避行为，而是一种更有力量、更自信、更有自尊的表现。当父母选择关上房门，避免和被愤怒情绪笼罩的孩子硬碰硬时，其实就是选择了与孩子和睦相处。因为当愤怒情绪产生时，孩子需要宣泄，这时和孩子说什么都不会被接受。

等孩子情绪宣泄过后，父母可以引导孩子学会省察和反思，去寻找孩子生气的原因和生气背后的需求，从而帮助孩子更好地理解自己、接纳自己，避免不必要的情绪内耗。

家庭教育100问

第70问

孩子装病不想上学，怎么办?

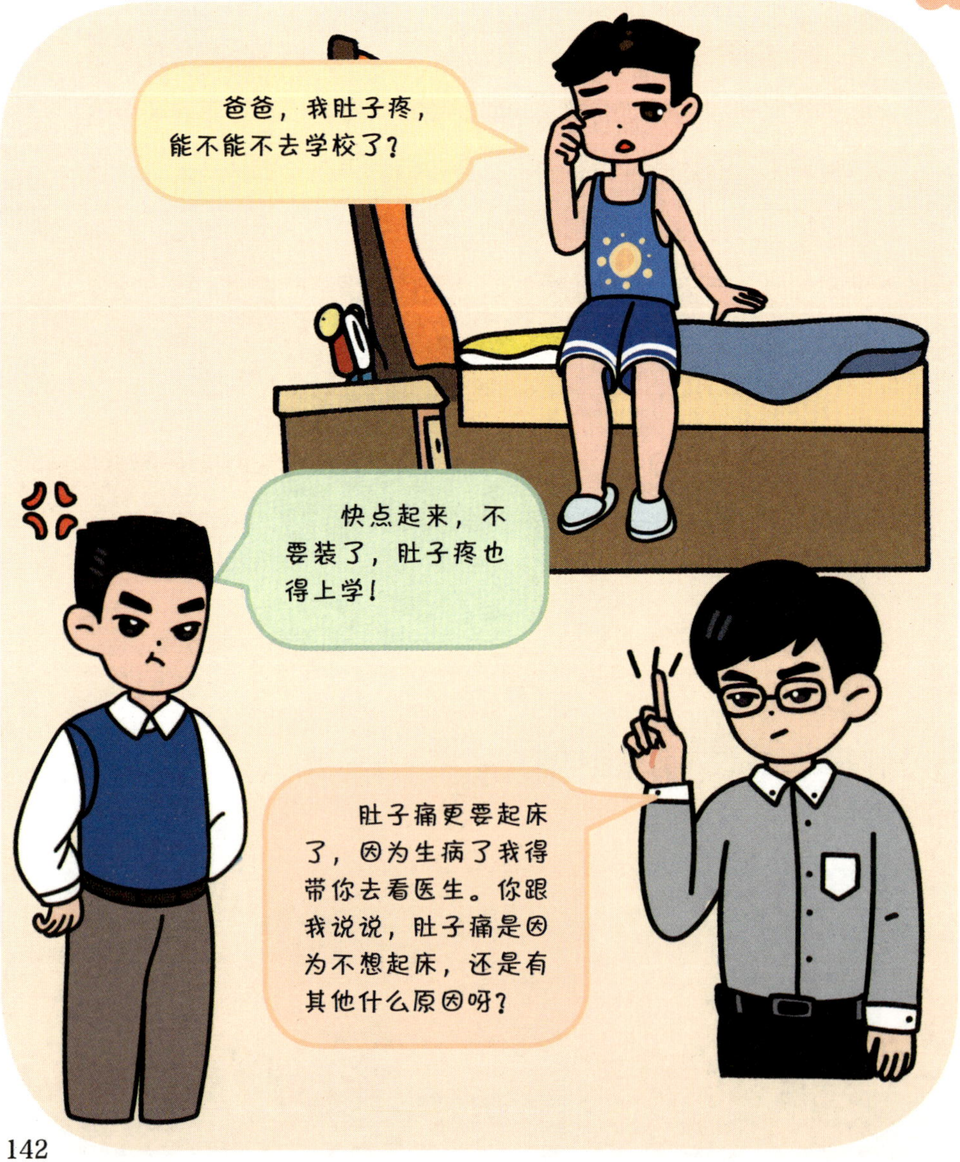

心理解析

XINLI JIEXI

当孩子装病不去上学时，父母不应该急着指责孩子，可以先确认一下孩子是真的不舒服，还是孩子为了达到自己的目的而撒谎。如果确实是身体不舒服，应及时就医，并尽可能给孩子正常化的心理暗示，即生病了去看医生可以解决，没什么大不了。

如果孩子是装病，父母也不应一味地责怪孩子。孩子之所以会装病，根本原因是父母对“病孩”的要求会明显降低，给予过度满足。父母可以把“生病”与“愿望满足”分开来，即使孩子真的生病，也不过度满足孩子的要求，尤其是无理的要求。找到孩子装病的目的是解决问题的关键。例如，只是简单地不想起床，还是因为在学校出现了什么问题不想去？只有了解孩子真正的想法，才能解决问题。

家庭教育100问
第71问

孩子失去上场机会，怎么办？

心理解析

XINLI JIEXI

孩子胆小怕事、做事缩手缩脚，这种情况并不罕见。作为父母，要允许孩子适当地退缩，因为如果孩子的失败体验多了，内心就少了积极情感的加持，自信心也随之消失，渐渐地，孩子会采取消极的处事方式，把自己封闭起来，不再大胆地表现自己。

同时，父母应该思考如何增强孩子的自信心，让孩子能大胆地走出去。父母可经常在孩子身上“淘宝”，发现孩子的闪光点并加以鼓励，培养其自信心；引导孩子进行行为改变，例如练习说“我来”，并辅之积极的暗示——“我能行”“我一定能做到”“小小的挫折不算什么”；不要过度保护，要给孩子创造锻炼自己、展示自己的机会，从而提升能力，建立自信。

家庭教育100问

第72问

孩子有异性喜欢，怎么办？

心理解析

XINLI JIEXI

对于处于青春期的孩子，他们的性意识萌发、觉醒并发展成熟。他们不仅进一步明确了自己的性别身份，接受第二性特征的变化，还逐渐由两性间的回避发展为有好感、倾慕，出现喜欢接近异性或者与异性积极交往等行为，出现“谁喜欢谁”这样的话题。

此时，父母无须对“喜欢”这个词过于敏感，无须过分阻碍孩子和异性的正常交往，而应正确引导孩子的“喜欢”。例如，向孩子解释，被喜欢或喜欢别人，说明自己或别人身上具有优秀的品质，从而树立孩子的自信，教孩子学会正确欣赏他人。同时，引导孩子在明确当前主要任务为学习的基础上，学会与异性进行恰当的人际交往，做到谈而不深、疏而不远，形成良好的人际关系意识。

家庭教育100问

第73问

孩子觉得题好难不想做，怎么办？

心理解析
XINLI JIEXI

个体同时拥有两种思维方式，分别为固定型思维和成长型思维。固定型思维倾向于回避挑战和失败，认为自己的能力是固定不变的。成长型思维认为天赋只是起点，人的才智通过锻炼可以得到提高，只要努力就可以做得更好。

当孩子遇到困难时，家长的不同回答会使孩子形成不同的思维方式。普通父母的回答会否定孩子的能力和努力，而且带着情绪批评孩子，不仅会挫伤孩子的自信心，还容易导致孩子形成固定型思维，认为自己的智力（能力）无法改变，遇到困难时只会说“我不行”。而高情商父母以自身为例，让孩子知道畏惧挑战是人之常情，接纳孩子的恐惧心理，接着引导孩子正视困难，培养孩子的成长型思维，能使孩子以积极的态度面对未知的困难。

家庭教育100问

第74问

孩子喜欢攀比，怎么办？

心理解析

XINLI JIEXI

社会比较理论认为，个体在缺乏客观参照的情况下，会将他人作为比较的尺度进行自我评价。孩子社会经验比较少，对很多事物缺乏客观的认识，通常通过与同学的比较来评价自己，因此容易出现攀比心理。在上述情境中，父母不应简单粗暴地拒绝，否则孩子会觉得自己比不上别人，或者片面地认为父母不爱他。

父母应引导孩子学会区分“需要”和“想要”，让孩子知道，生活中的大部分物品应该是按需购买，而不是随欲望购买。同时，父母自身要树立积极的观念，努力减少自己的攀比行为。父母最常见的攀比行为就是用“别人家的孩子”来比较，这样不仅会伤害孩子的自信心、自尊心，还会让孩子产生攀比心理。

家庭教育100问

第75问

孩子作息不规律，怎么办？

心理解析
XINLI JIEXI

孩子作息不规律，导致晚上睡眠质量很差，第二天没有精神，听课的效率就会降低，做作业的效率也会降低，长此以往就会影响孩子的成绩。同时，不良的作息习惯也会影响孩子大脑的正常发育，影响认知能力和记忆力。

因此，父母应让孩子明白养成良好作息习惯的重要性。首先，父母可以尝试从孩子的角度出发，引导孩子分析利弊，然后提出自己的期望，并给出正确的做法，从而避免重复的、缺乏换位思考的批评和意见。其次，父母可引导孩子分析造成不良作息习惯的原因，找到问题并及时督促孩子进行调整，尽快恢复正常的作息习惯。最后，父母应该给孩子创造平安、宁静、温馨和舒适的就寝环境，自己也尽量不熬夜，营造一个早睡早起的家庭氛围。

家庭教育100问 第76问

孩子考试失利怀疑自己，怎么办？

心理解析
XINLI JIEXI

当孩子遭遇失败时，父母如果一味注重结果，责怪孩子，可能会降低孩子的自我效能感，进而影响以后的行为。自我效能感由心理学家班杜拉提出，是指个体对自己能否成功进行某一行为的主观判断。自我效能感高的孩子，其主动性、持久性都会更好，也更愿意尝试新的行为。

一般来说，成功经验有助于提高自我效能感，而反复失败会降低自我效能感。因此，在面对孩子学习成绩起伏的问题时，父母不能把结果作为评价孩子的唯一标准，而要更多地关注孩子的过程性努力，肯定孩子的过程性成果，引导孩子进行合理的归因，帮助孩子树立合理的得失观，增强自我效能感。

家庭教育100问

第77问

孩子说不想读书了，怎么答？

心理解析

XINLI JIEXI

美国教育心理学家马丁·考温顿提出的学习动机自我价值理论认为，许多学生在学习中不愿意付出努力，是为了维护自我价值。对孩子来讲，“努力是一把双刃剑”，努力虽然会使学习进步，得到父母或老师的奖励，但也有可能努力了没有任何收获，从而使孩子形成“高努力意味着低能力”的错误认知，最终孩子以不想学习的方式来逃避失败，维护自我价值。

听到孩子不想读书的言语时，许多父母会感到失望或愤怒，甚至与孩子产生言语冲突，造成亲子矛盾。其实孩子说出“不想读书”的原因是多元的，因此父母首先应该保持冷静，尝试心平气和地沟通，了解孩子真正的问题所在，同时帮助孩子认识到不管做什么，努力都是有必要的。

家庭教育100问

第78问

孩子觉得自己被老师冤枉了，怎么办？

心理解析

XINLI JIEXI

在上述情境中，父母在回应时应注意维护老师的威信，因为教师威信会影响孩子在学校的表现，如不喜欢哪个老师了，他的课也会被排斥。但父母也不能因此而否定孩子，否则可能让孩子对老师有更大的抵触心理，并且对家长产生了不信任感。

因此，在不明确孩子行为的情况下，父母不进行评价，应先接纳孩子的情绪，然后可借鉴海德的“P-O-X平衡理论”给孩子提出建议。这里的P代表孩子，O代表老师，X代表孩子上课的态度。要改变孩子对老师的负性态度，可以根据老师、孩子对上课态度的看法进行调整。鼓励孩子与老师进行交流，表述自己的上课态度，同时听取老师对孩子上课态度的看法，调解矛盾，让三者关系重新达到平衡，从而解决问题。

家庭教育100问

第79问

孩子对父母讲的道理感到厌烦，怎么办？

心理解析
XINLI JIEXI

当孩子犯错时，父母会忍不住对同一件事进行多次批评，使孩子从内疚不安到不耐烦乃至反感、讨厌。孩子被“逼急”了，可能出现“我偏要这样”的反抗心理和行为。这种因刺激作用时间过久而引起极不耐烦或反抗的心理现象，被称为超限效应。

如何避免超限效应，更好地教育孩子呢？第一，把握好批评的度。不要一直重复地讲道理，可以换种说法和角度，且要言简意赅，恰到好处。第二，就事论事，一事一讲，不要总是“以小见大”，引申出一堆大而空的“宏论”。第三，批评之后要鼓励。被父母批评后，多数孩子会产生自卑心理，会对其成长造成消极的影响，故父母应及时给予孩子一些鼓励，消除这种消极影响。最后，父母要起到榜样作用，身教比言传更重要。

第80问 孩子故意考不好想气老师，怎么办？

心理解析

XINLI JIEXI

当孩子进入青春期后，他们便不再盲目地相信教师，而是有选择地接受自己喜爱的教师。中学生开始对每一位教师进行评价，通常每一位学生都有一两位自己喜爱的教师，对喜爱的教师言听计从，在行动上给予他们最好的反馈。同样，他们也会有一两位讨厌的教师，他们无法接受这些教师的授课方式，拒绝接受这些教师提出的各种意见。

因此，当孩子说不喜欢哪位老师的时候，家长首先应该保持冷静，而非一味指责。其次，跟孩子平等地沟通交流，了解孩子不喜欢的原因。在此基础上，正向引导，让孩子多看到老师的优点，理解老师的良苦用心，学会宽容待人。最后，父母可引导孩子与老师沟通，同时父母也应积极与老师交流，有效增加师生双方的相互了解，促进良好和谐的师生关系的发展。

家庭教育100问

第81问

孩子说提不起学习的兴趣，怎么答？

心理解析

XINLI JIEXI

学习动机是指引发与维持学生的学习行为，并使之指向一定学习目标的一种动力倾向，是直接推动学生进行学习的一种内部动力。学习目标不够明确，往往是中学生缺乏学习动机的重要原因。在这种情况下，学生缺少必要性的唤醒水平和认知反应，做事会有点无所适从，表现为提不起学习的兴趣，但又并非不想学习。

因此，当孩子陷于这种焦虑时，家长可以在共情、倾听的基础上，帮助孩子分析现状，结合孩子的特点和优势，共同制订切实可行的目标，激发孩子的学习动机。同时，在学习目标实施的过程中，注意观察孩子的进步行为，给予积极评价，以可视化的方式增强孩子在学习过程中的自我效能感，提升学习兴趣。

家庭教育100问

第82问

孩子考了全班第一，怎么夸？

心理解析
XINLI JIEXI

卡罗尔·德韦克的研究表明，经常夸赞孩子“聪明”培养的是孩子的自尊，让孩子由衷地喜欢自己，这可能会培养他们的固定型思维，把天赋看得比较重要。为了展示自己的聪明才智，他们通常会因为害怕失败而回避挑战，或者选择容易的事情做。此外，经常被夸赞“聪明”的孩子更想要维护自己的声誉，甚至做出作弊和撒谎的行为来使得自己与“聪明”的标签相符。而经常被夸赞“努力”的孩子，可能建立成长型思维，相信可以通过自己的努力获得成功，会更愿意接受挑战，勇于面对困难。

所以，父母应夸赞孩子的“努力”和“专注”，帮助孩子建立自我效能感，即让孩子相信自己有能力成功，自己的命运由自己控制，从而培养孩子的韧性。在生活和学习中，孩子也更有可能选择具有挑战性的任务，助力成长。

家庭教育100问

第83问

孩子提出自主要求时，怎么答？

心理解析
XINLI JIEXI

教育学家马卡连柯认为，尊重人、信任人是教育人的前提，只有尊重和信任孩子，才会采取合理的教育措施，才会取得良好的教育效果。每个孩子都是独一无二的个体，拥有一定的自主权，且随着年龄的增长，成人感、独立意识会越来越强烈。这时信任孩子，给孩子尝试的机会，让孩子在尝试中成长，才是适合孩子的成长方式。

因此，当孩子提出自主要求时，父母不要直接否定孩子，表现出对孩子的不信任，这会使孩子产生挫败感。父母应该先给孩子尝试的机会，对孩子表达信任，鼓励孩子勇敢地去探索。在探索的过程中，孩子思考和解决问题的能力会得到提高，孩子也可以从中学会如何面对挫折和失败。

第84问 孩子说喜欢明星，怎么答？

心理解析

XINLI JIEXI

青少年追星与他们这个年龄段的心理特点有关，他们正处于自我发现和自我确立远大理想的黄金时期。他们需要一个耀眼的人物作为模仿的对象、学习的参照，明星亮丽的光环，恰恰就符合了他们现阶段的需要。因此，追星的背后是青少年在寻找自身情感归属与身份认同。

然而，大部分青少年对事物缺乏全面、客观的认识，稍有不慎就会形成错误的价值观。因此，父母应该与孩子沟通，展开全面的探讨，引导孩子更多关注明星的内在品质，如“你为什么喜欢这个明星？”“他有什么品质吸引了你？”“他有哪些优点值得你学习？”，从而帮助孩子形成正确的价值观。此外，父母还可以遵循孩子的意愿，引导孩子挖掘并学习明星的优点。

家庭教育100问

第85问

孩子认为是自己造成父母离异，怎么答？

心理解析

XINLI JIEXI

父母离异会给孩子造成很大的心理冲击。有的孩子会产生恐惧感，害怕父母遗弃自己；有的孩子会产生负罪感，觉得是自己导致父母离婚的。所以，父母在选择离婚时，应先安抚孩子的情绪，鼓励孩子把心里的想法和感受说出来，多与孩子沟通。

此外，父母应学会调节和控制情绪，不在孩子面前流露对离异配偶的不满，避免将自身婚姻失败与情感压力迁怒于孩子；不简单粗暴或者无原则地迁就、溺爱孩子；强化非监护方的父母角色与责任，增强履职意识与能力，定期让非监护方与孩子见面，强化孩子心目中父（母）亲的形象和情感；调动亲戚、朋友中的性别资源给孩子适当的影响，帮助其性别角色获得充分发展。重组家庭的夫妇应多关心、亲近孩子，陪伴孩子走出家庭变故带来的阴影。

家庭教育100问

第86问 孩子说长大想当“网红”，怎么答?

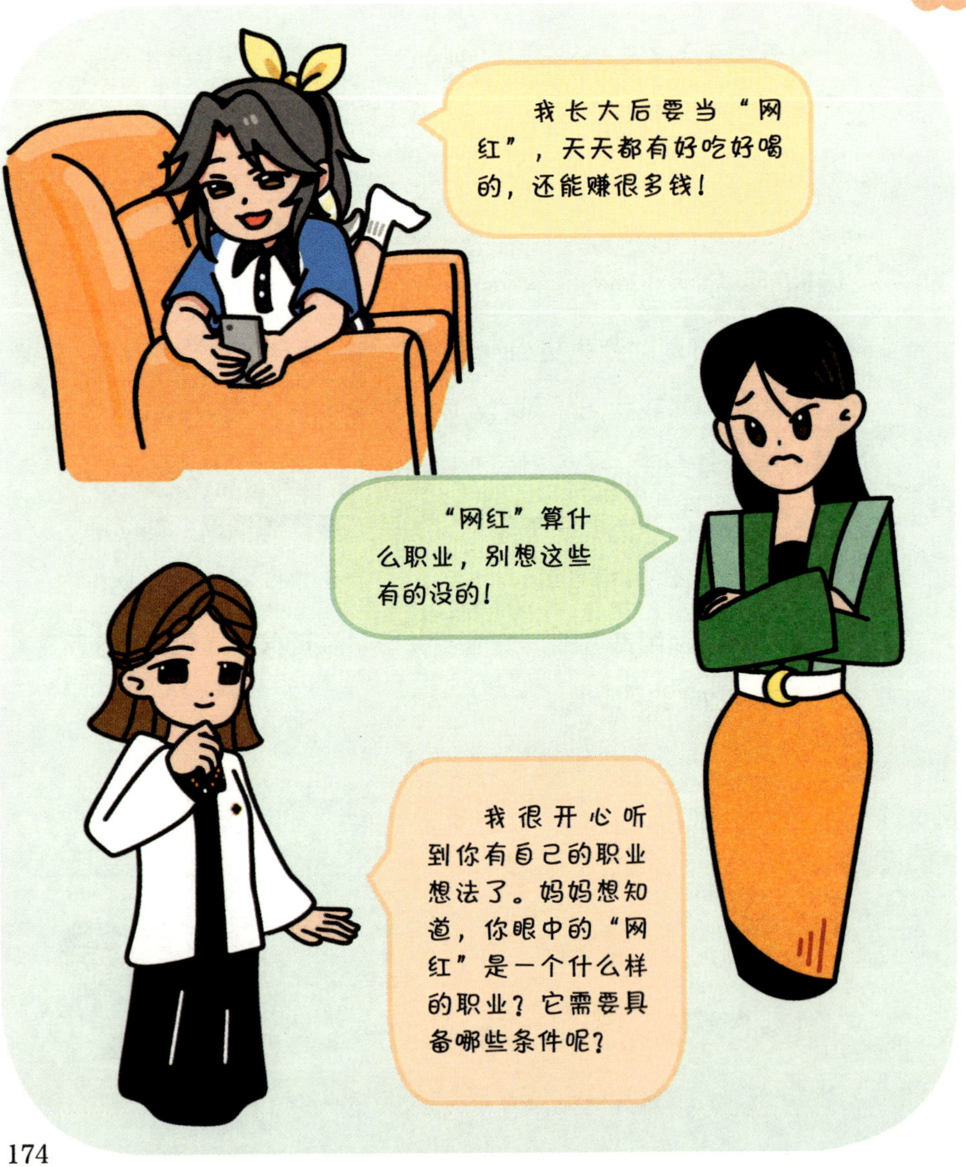

心理解析

XINLI JIEXI

心理学上有一个效应叫“南风效应”，说的是南风和北风比威力，看谁能把行人身上的大衣脱掉。北风呼呼地吹，人们把大衣裹得更紧了；而南风徐徐吹出暖风，人们觉得越来越暖和，逐渐脱掉了大衣。对孩子的教育也是这样。当孩子说出一个在父母看来不靠谱、不合适的梦想时，父母如果只是一味地打击，可能会让孩子的想法变得更加强烈。

合理的做法是：一方面，不要打击孩子，要给予孩子肯定，引导孩子说出自己内心真正的想法，让父母能够真正地了解孩子。另一方面，引导孩子进行合理的分析，让孩子明白梦想背后需要的是什么。孩子所需要的，往往不是父母为他们准备的梦想，而是指引他们找到自己的梦想。

第87问 孩子说自己戒不掉游戏，怎么答？

心理解析

XINLI JIEXI

心理学上有一个“登门槛效应”，说的是在向别人提要求时，如果一开始就提出一个较为苛刻的要求，便很容易遭到拒绝。而如果能逐步提出要求，如先提出一个较低的要求，同意后再逐步提高要求，则更容易达到目的。

为了让孩子改正一些不好的习惯，父母可以巧妙地运用“登门槛效应”，先给孩子提出一个较低的要求，孩子就比较容易接受。等到目标达成后，及时地给予孩子正向的反馈——肯定、表扬甚至是奖励。接下来，逐步提高要求，制订相应的计划和目标，从而在一次次的纠正和进步中，让孩子享受积极奋发的感觉，提高自我效能感，进而改正坏习惯，养成好习惯。

家庭教育100问

第88问

孩子羡慕学霸学习轻松，怎么答？

心理解析
XINLI JIEXI

正如“鸭子定律”所说的，人们往往只看到鸭子在水面上轻松悠闲地游动，却看不到水面下鸭蹼一直在有节奏地划动着。鸭子凫水的背后不是不停地猛划鸭蹼，而是有节奏地向前游动。真正的勤奋，不是硬着头皮再支撑一下，而是一种专注且锲而不舍地投入。它需要明确的目标、清晰的规划、持之以恒的付出和适时的评估反馈。

因此，在上述情境中，父母一要引导孩子意识到成绩的取得，需要坚持不懈的努力和适合的方法；二要引导孩子在学习上持续努力，提高学习效率，平衡好学习与休闲时间，让孩子在实践中明白“鸭子定律”——努力也可以成就“天才”。

家庭教育100问

第89问 孩子抱怨被同学评价不漂亮，怎么答?

心理解析
XINLI JIEXI

“爱美之心，人皆有之。”由于年龄尚小，社会经验不足，自我意识发展较为薄弱，对事物的认识容易受到他人的影响，大多数孩子对美的看法是相对片面的。上述情境中，倘若父母敷衍了事，没有给予孩子鼓励和肯定，容易使孩子感到自己没有受到重视，甚至产生挫败感，从而对自己的外貌更加不满意。

孩子对事物的认识容易受到父母、老师等关键人物的影响。因此，父母积极正向的反馈和对孩子进行恰当的引导尤为重要。父母不仅要肯定孩子，还要帮助孩子发现自己的美，进而传递积极向上的理念，引导孩子肯定自己、悦纳自己以及更加重视自己的内在美，同时也对美形成更加全面、恰当的认识。

家庭教育100问

第90问

孩子说不想做家务，怎么答？

心理解析

XINLI JIEXI

归属是人的基本心理需要之一，从家庭中体会到归属感，对中学生来说意义重大。在家中“饭来张口，衣来伸手”容易让孩子产生“世界围着我转”的错觉，而为家庭承担力所能及的家务，能把孩子从自我为中心的位置中拉出来，在奉献中找到自己在家里的归属感与价值感。

同时，孩子无论年龄大小，都是家里的重要一员，有分担家庭责任的义务。分担家务活就是培养孩子责任心的最好方式之一。当然，父母也要尊重孩子的劳动，及时肯定孩子的劳动成果，让孩子在劳动中获得自豪感。

家庭教育100问

第91问

很晚了孩子还在刷题，怎么办？

心理解析

XINLI JIEXI

有时孩子看起来非常努力，但可能只是一种低效的“假努力”。这种“假努力”可能源于孩子过强的学习动机、不合理的认知模式，以及来自他人不适当的强化。例如，绝对化地认为“努力学习就必须把时间全部花在学习上”“努力了就一定有好结果”，这会让孩子给自己安排高强度的学习任务；当结果与自己的预期不一致时，孩子就会觉得“自己太笨、太失败了”。

“假努力”不会带来真成功，父母应该引导孩子追求高效率的学习，而不是高强度的学习。例如，适当的社交与休闲活动能够调节孩子的情绪，带来积极的心态；良好的休息，能够让孩子拥有更加充沛的精力，也能保持更好的专注力和意志力。这些对学习都有促进作用，舍弃它们，得不偿失。因此，当父母发现孩子的学习效率不高时，应及时帮助孩子寻找合适的方法，进行有效学习。

家庭教育100问

第92问

孩子苦恼复习内容太多，怎么办？

心理解析

XINLI JIEXI

孩子向父母提出自己的焦虑与疑惑，表明孩子需要父母的鼓励与帮助。在上述情境中，责怪只会增加孩子的焦虑，让孩子自责，于问题解决无益。此时，父母可针对孩子的实际情况，给孩子提供一些具体的复习建议，先帮助孩子解决问题，过后再来强调平时及时复习的重要性。

父母可以给孩子提供一些具体的记忆方法。例如：①把长材料分割成短材料，减少记忆的疲惫感，优化记忆效果。②对知识进行精加工，引导孩子追寻文字背后的深层次含义，重组知识，将新旧知识联系起来，加深记忆。③适度重复，也就是在成功记忆后再多记几次，巩固记忆效果。④和孩子一起寻找记忆黄金期，让孩子在自己一天记忆效果最好的时间段内记忆，提高记忆效率。

孩子不懂得拒绝别人，怎么办？

心理解析

XINLI JIEXI

从“独立和亲密”的视角来看，每个人都希望成为一个独立的个体，有自己的选择和自由。但是，作为社会人，我们需要建立和他人的亲密连接。对越亲密的人，我们越难以拒绝。为了维持亲密关系，一个弱小无助的孩子，可能会压抑或者隐藏自己的需要而努力满足父母或者周围人的需要，以此获得认可和爱，但久而久之，孩子可能就不懂得该如何拒绝别人。

在孩子倾诉自己的烦恼时，父母可以帮助孩子纠正“拒绝会伤害关系”的观念，提高自身独立性，降低拒绝他人带来的内疚感。此外，父母需要通过倾听了解孩子的诉求，和孩子探讨其内心需求，并鼓励孩子正视自身的需要，帮助孩子学会适时地和别人说“不”，掌握选择的主动权。

家庭教育100问

第94问 孩子问维系婚姻的原因，怎么答？

心理解析

XINLI JIEXI

“要不是因为你，我早跟你爸离婚了”，这类回答会让孩子觉得自己是父母的累赘与负担，认为父母是因为自己的存在而面临当下的困境，对父母产生愧疚感，从而否定自我，这显然不利于孩子身心的健康发展。中学生正处于青春期，心理水平尚处于幼稚向成熟发展的过渡阶段，自我意识仍在发展，对于自我的描述带有浓重的个人情感基调。

在上述情境中，父母应当先感谢孩子的关心，肯定孩子的价值，给予其成人式的信任和关注，这有助于培养其自尊、维护其自我评价与自我体验。此外，父母应正确引导孩子学会“课题”分离，将父母的“夫妻课题”与孩子和父母之间的“亲子课题”分离开来，鼓励孩子勇敢面对自己的“课题”。

家庭教育100问

第95问

孩子总是“宅”在家里，怎么办？

心理解析

XINLI JIEXI

家庭是孩子健康成长的重要场所，父母是孩子成长路上的重要指导者和情感支持者。亲子互动对孩子初期的健康成长有着深远的影响。

亲子沟通是亲子间最具体、直接的互动。当孩子表现出不良行为时，一些父母往往以权威的方式、命令的口吻与孩子交流，传达自己的期待，如“你要……你不要……你不可以……”。这种表达方式虽然饱含父母对孩子的期许，但同时反映了父母忽视孩子内心的真实想法，也忽略孩子行为背后的真正原因，甚至可能造成孩子的逆反心理。所以，在上述情境中，父母希望孩子多出去走走，要多与孩子沟通，多倾听孩子的声音，了解孩子“宅”在家里的原因，然后慢慢引导，与孩子共同制订出行计划，给予孩子更多的陪伴。

第96问

孩子因“青春痘”而烦恼，怎么办？

心理解析
XINLI JIEXI

青春期是孩子阶段发展为成人阶段的过渡时期，是孩子身心发展的重要时期，也是孩子自我意识发展的第二个飞跃期。这个时期的孩子具有很强的自尊心，外貌、形象在他们的自我意识中占有很重要的地位。因此，这个阶段的孩子很容易产生容貌焦虑。

父母应该理解孩子关于容貌焦虑的情绪，积极帮助孩子排忧解难。必要的时候，可以通过正规途径和方法，合理地引导孩子追求美。此外，父母可以引导孩子建立多元化的审美标准，夸赞孩子身体细节之外的美，帮助孩子培养积极的心态和自我评价能力，学会自我肯定，建立自信。

孩子总以为别人在看自己，怎么答？

心理解析
XINLI JIEXI

处于青春期的孩子正经历着身体和心理上的转变，这种转变容易引起他们对自身的关注。在此基础上，青少年容易产生假想观众心理，即他们认为其他人，特别是同伴一直在关注他们、评价他们，并且对他们的想法和行为都很感兴趣，这样的心理导致了青少年对自我意识的强调、对他人想法的过度关注等。

此时，父母应该为孩子提供情感支持，关注孩子成长，以平等的姿态和孩子沟通，并及时给予反馈，拓展孩子的思维方式，帮助其了解自己和他人思维方式的差异，降低假想观众水平。

孩子问为什么要读书，怎么答？

心理解析

XINLI JIEXI

教育心理学家奥苏伯尔将学习动机分为认知内驱力、自我提高内驱力和附属内驱力。认知内驱力是指要求获得知识、了解周围世界、阐明问题和解决问题的欲望与动机。这种内驱力被认为是学习最重要、最稳定的动机。自我提高内驱力是指为了地位、荣誉、奖励等产生的动机。自我提高内驱力强的学习者，所追求的不是知识本身，而是知识之外的地位满足，比如获得荣誉称号等，所以这是一种外在的学习动机。因此，当孩子询问为什么要读书时，父母应该从激发孩子认知内驱力的角度出发，帮助孩子建立自己的内部动机，最后实现自驱型成长，而不应把实利作为读书的首要目标。

家庭教育100问

第99问

孩子升学压力大，怎么办?

心理解析
XINLI JIEXI

随着升学考试的临近，孩子容易感受到备考压力，产生学习焦虑，甚至出现状况不佳的情况。在考前这一特殊时期，父母也会更加关注孩子的学习状态。如果孩子状态不佳，父母便会陷入紧张焦虑的情绪中，这无形中又加剧了孩子的备考压力，这种恶性循环不利于孩子的复习备考。

因此，在孩子升学考试的重要时期，父母首先要调节好自身的情绪，摒弃焦虑等消极情绪，以平常心看待中考，学会接纳孩子未来的不确定性。只有自己心态平和，才能给孩子持久、温和的支持。其次，父母要和孩子建立良好的情感联结，营造和谐的家庭氛围，保持生活常态。最后，父母要多和孩子沟通，及时给孩子正向的激励，做充满智慧、温柔的陪伴者。

家庭教育100问

第 100 问

孩子对选科感到困惑，怎么办？

心理解析

XINLI JIEXI

人是社会性生物，大多数人在判断和认识上都会表现出符合多数人的行为方式，所以从众心理是普遍现象。从众心理也会表现在选科上，即孩子的选择与大多数人一致，却忽略了自身的独特性。

当孩子出现选择困惑时，父母可设法帮助孩子规避从众心理，找寻最适合自己的方案。一方面，父母是孩子成长路上的引路者而不是决定者，自己的路自己走，父母可以把选择权和自主权交给孩子，由孩子决定自己以后的路。另一方面，父母应引导孩子更加客观地认识自己，包括自己的能力、兴趣等，同时也可以搜集更多有关专业和职业的资料，让孩子对专业和职业有一个大概的认识，以此为基础把自己的能力和专业、职业的要求对应起来，进而做出科学的选择。

2022年3月至今，历经一年半，本书终于面世了。

本书的创作灵感源自一次与学生们在星雨湖畔的漫步畅谈。我们围绕理想与人生相谈甚欢，随着交谈的深入，话题转移到了亲子沟通上。学生提到她假期碰到的一件难事，亲戚被孩子的问题困扰，向她求助，想知道如何劝说孩子才有效。讨论之后，发现许多父母的劝说往往只是从成人的角度出发，忽略了孩子的心理特点和心理需求，这样的劝说不仅未能得到孩子的认可，有时甚至会让孩子更加困惑，妨碍亲子间的沟通。

作为一名心理教育工作者，在与家长们的接触中，我也常听到这样一些描述："我的孩子不听话""孩子不听我们的"……在实际生活中，家长们为了孩子的教育问题煞费苦心，却常常感到"本领恐慌"，甚至束手无策。如何"说"才能让孩子听，又该如何"听"才能让孩子说呢？这是为人父母的一门必修课。由此我萌生了创作本书的想法，希望能够提供一本兼具学术性和趣味性的科普读物，以专业且朴实的语言让父母了解孩子提问背后的心理特点与需求，学会与孩子更好地沟通，成为孩子成长过程中的知心朋友和引路人。

后记

本书案例的搜集要感谢福建师范大学心理学院名师研究室的全体成员。他们通过向家长发放大量的问卷，整理出了许多家庭教育中的共性问题，为本书的撰写提供了原始素材。名师研究室的张媛婷、庄璇璇、陶颖同学更是全程参与了本书的统稿和校对工作，贡献了很多智慧。与她们在一起，教学相长，很快乐，也很幸福！

本书的撰写得到了福建师范大学心理学院刘建榕教授、陈幼贞教授、杨丽娴副教授、吴莹莹副教授的无私帮助。她们不仅从专业的角度，还结合自身为人父母的经验对书稿提出了修改意见，使本书的观点更加严谨，表述更显生活化，更贴近家长和孩子的心。本书的漫画创作得到了福建师范大学美术学院陈博林、张昊婧、吴秉城、陈曦、廖梦云、廖晨巍同学的专业技术支持。此外，福建法治报社陈炳辉、福建社会心理服务共建基地谢孝增、叶强也为本书的出版付出了许多艰辛的劳动，福建人民出版社的编辑老师们严谨、细致的工作确保了本书的质量。在此一并致以诚挚的谢意！

期待本书能助力广大家长成为高情商的父母。

图书在版编目（CIP）数据

家庭教育100问 / 孟迎芳著. -- 福州 : 福建人民出版社, 2023.10
ISBN 978-7-211-09180-5

Ⅰ. ①家… Ⅱ. ①孟… Ⅲ. ①家庭教育—问题解答 Ⅳ. ①G78-44

中国国家版本馆CIP数据核字（2023）第181773号

家庭教育100问
JIATING JIAOYU 100 WEN

作　　者： 孟迎芳
责任编辑： 谢云英
责任校对： 陈　璟
出版发行： 福建人民出版社　　**电　　话：** 0591-87533169(发行部)
地　　址： 福州市东水路76号　　**邮　　编：** 350001
网　　址： http://www.fjpph.com　　**电子邮箱：** xyying2006@163.com
经　　销： 福建新华发行（集团）有限责任公司
印　　刷： 福建新华联合印务集团有限公司
地　　址： 福州市晋安区福兴大道42号　　**电　　话：** 0591-88208420
开　　本： 890毫米×1240毫米　1/32
印　　张： 6.75
字　　数： 114千字
版　　次： 2023年10月第1版
印　　次： 2023年10月第1次印刷
书　　号： ISBN 978-7-211-09180-5
定　　价： 29.00元

本书如有印装质量问题，影响阅读，请直接向承印厂调换。